おうちでラクラク月5万円稼ぐ

超効率ポイ活&メルカリ

西村みゆき著

ぱる出版

はじめに

突然ですが、みなさんは、
主婦＝パート
主婦＝低所得
そう考えてはいませんか？

本書を読むことによって、その常識を覆していただきたいと思っております。

みなさんこんにちは。私は、株式会社ＬＩＲＩＯ代表取締役で、女性限定物販スクールの代表をしております西村みゆきと申します。現在、思春期真っ盛りの高校生の娘・やんちゃ盛りの小学生の息子、２人の子どもを育てながら、女性が経済的に自立するための活動をしています。

私は29歳で結婚し、臨床検査技師をやめ専業主婦になりました。最初は新鮮で楽しかったのですが、「この先、夫の収入だけでやっていくのは厳しい」そう考え、社会復帰しようと決意しました。

ところが就職先を探し、面接を繰り返すも、一向に仕事は決まらない……。

なんとか自分で稼ぐ方法はないかといろいろと模索しましたが、何をしてもうまくいかず、結局パートに出ることになりました。

そんな私がある日、ビジネスを学ぶことを決意します。

ビジネスを学んでわかったことは、正しく学べる環境、導いてくれるメンターの存在、共感し励まし合うことのできる仲間、続けていける継続力、健康的な心身、そして常に行動し続けること、それらの大切さです。

今では仲間に恵まれ、仕事にも恵まれ、楽しい毎日を過ごせるようになりました。あの就職が決まらなかった日々がウソのようです。

気持ちに余裕があると周りに優しくできるし、何より自分が楽しく過ごすことができるようになります。

私はビジネスを学び、たくさん失敗しながらも家族や仲間に支えられ、助けられ、ここまで歩んできました。なかなか成功できなかった私が、物販をすることによって「3日間で利益10万円」を達成。1年半経った頃には「月商100万円超」を達成できるまでになり、今では会社を立ち上げ、年収2000万円以上を稼いでいます。

女性はライフステージによって活動が制限されることも多いものです。もちろん私も経験者の1人。以前は自由にイキイキと活躍している人を見ては、うらやましいなと思っていましたし、私には程遠い世界とも思っていました。

しかし、経済的に自立してイキイキと豊かに過ごすことはどんな女性でも可能です。

きちんとビジネスを学べば、誰でも好きな時に好きな場所で仕事ができ、毎日楽しく過ごせるようになります。

おうちで自由に仕事をし、
子どもたちとの時間を楽しみ、
プライベートは充実。
そんな理想のライフスタイルは必ず手に入ります。

今やパソコンやスマホがあればいろいろな形で独立できる時代です。小さな子どもがいても、何も資格を持っていなくても、ごく普通の主婦でも、在宅で稼いでいくことができます。

私は今まで、たくさん自己投資し、おうちでできる仕事・起業・副業についていろいろと学んできましたが、キャッシュポイントは増えれば増えるだけ安心できますし、気持ちに余裕もできます。

しかし、私がみなさんにお伝えしたいのは、お金を稼ぐことではありません。

お金を稼ぐことによって、どんなことをしてどんな人生を歩みたいかということです。


私は仕事も続けていきたいし、子どもたちとの時間も大切にしたい。

家族で旅行にも行きたいし、子どもたちにやりたいことはすべてやらせてあげたい。

いろいろな経験もさせてあげたいし、言い出したらキリがありません。

私は、こういう理想を叶えていくためにも、生活を切り詰めてお金を貯めるのではなく、自分で稼ぐ力をつけることが必要だと思っています。


子どもとの時間を増やしたい。

働きたいけれど、子育て中でなかなか働けない。

すでにやりたいことはあるけれど、収入が不安定。

夫の給料だけではやっていけない。
教育費が足りない。
老後が不安。など

女性の悩みは尽きることがないですよね。でも、悩みのほとんどは、稼ぐスキルを身につければ解決できるんです。

現状を変えたい。経済的に自立したい。一歩踏み出したい‼という方。
ぜひ本書を最後までお読みください。

2021年8月

西村 みゆき

Contents

おうちでラクラク月5万円稼ぐ　超効率ポイ活&メルカリ　目次

第2章　月に5万円はカンタン♪　オススメの副業は？

第3章　まずはポイ活でラクラク5万円Get

第4章 メルカリで月5万円稼ぐためのHow To

第5章 月100万円も夢じゃない? もっと飛躍していくためのHow To

第6章　あなたの理想の生活を叶えるために

装丁　土屋裕子（ウェイド）
本文デザイン・DTP　町田えり子
執筆協力　和泉涼子
編集　岩川実加

第1章

普通の主婦が経済的に自立しようと思った理由《ワケ》

夫がウツになりまして！　まさか私が稼がないといけなくなるとは！

みなさんは「ジェンダー・ギャップ指数」というものをご存知でしょうか。これは、政治、経済、教育、健康の４分野から各国の男女格差を指数化したものです。２０２０年に世界経済フォーラムが発表したランキングによると、日本は１５６か国中１２０位。対象となる国の中でも男女格差が非常に大きく、残念ながら男女不平等な国であるということがはっきりと数字に出ています。

この問題は、日本の男女別平均給与にも表れています。

平成30年版　男女共同参画白書によると、１年を通じて勤務した人の平均給与は男性５４５万円、女性２９３万円となっていました。**男性と女性の給与は年間２５２万円も差が出てしまっている**ということです。

〈　勤続年数別の平均給与　〉

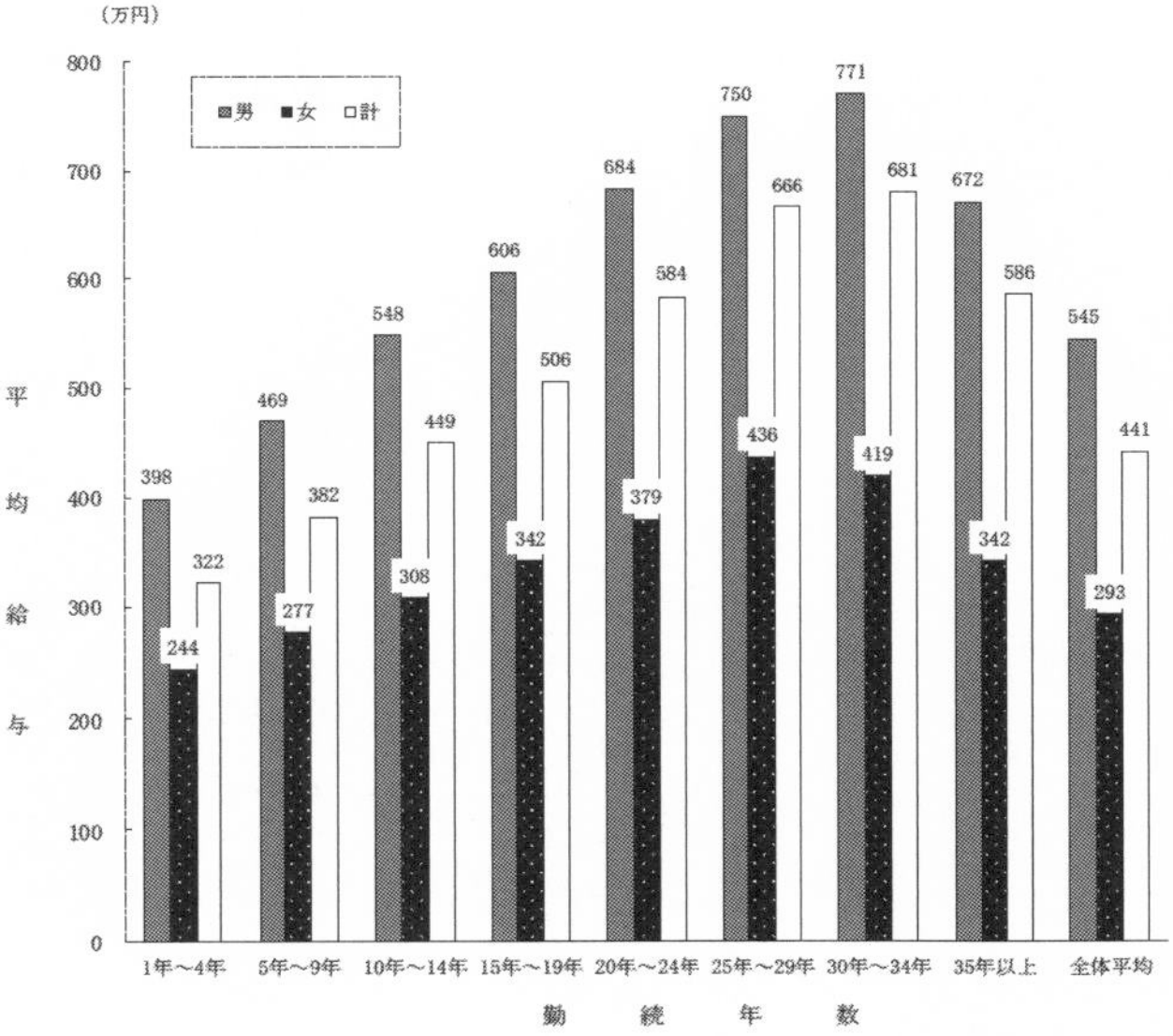

出典：平成 30 年分民間給与実態統計調査

女性の平均給与が低い理由の1つは、正規雇用者の割合が低いということに尽きると思いますが、正規雇用の職員の年間平均給与を男女別に比べてみても、男性が560万円であるのに対し、女性は386万円となっており、同じ正規雇用の職員でも、男女間で173万円の差があります**（2018年のデータ）**。

この男女格差の背景には、女性が補助的な業務に従事しているケースが多いという事実に加え、出産時に退職してしまったり、休職してしまったりしてキャリアが中断されてしまうこともあると思います。また、管理職になる女性の割合が低いというのも理由の1つでしょう。

このような男女間の賃金格差を是正するためには、国が女性にも働きやすい環境や制度作りを進めていくことも大切ですが、個人的には、**私たち女性の意識改革も必要**だと思っています。

みなさんは、心のどこかで「夫の収入をメインにして生活していくのが当たり前」とか「夫の給料を超えられるわけがない」「私に男性を超えられるような収入を得るスキルがあるはずがない」「パートぐらいしかできることがない」などと思っていませんか？

はっきり言わせていただきますと、**それらはすべて思い込み**です。

「だって子どもがいるし」とか「学歴も資格もないし」といった声も聞こえてきそうですが、**一見稼ぐことが難しい環境にいると思えても、誰にでも自分が置かれた環**

境に合わせて稼いでいく方法が必ずあります。ご自分の可能性を勝手に潰さないでください。

「はじめに」でお話しした通り、私は29歳で結婚し、臨床検査技師をやめ専業主婦になりました。その後、やはり働こうと再就職を試みましたが、本格的に稼ぐスイッチが入ったのは、夫の病気がきっかけでした。

夫は仕事が忙しく、終電で帰ってきて始発で出社するといった生活が続いていましたが、あるとき、家に帰って来なかった日がありました。泊まり込みで仕事に対応していたわけですが、まさにその日がきっかけとなって調子が悪くなってしまい、病院に行ってみたところ、鬱病であると診断されました。２ヶ月ほど休んでくださいと言われ、会社を休職することになってしまったのです。

その頃はまだ子どもが1歳にも満たなかったので、手がかかる時期です。うちの娘はなかなか寝ない子でしたので、私自身も3時間続けて眠れたら良い方でした。朝なのか昼なのかわからないくらい寝ていない日々が続き、娘の世話で眠たくても眠れない状況が続いていました。

そんなとき、休職中の夫はずっと眠りっぱなし。本人は「眠れない」と言っているのですが、私から見たらずっと眠っている。夫が病気なのは頭ではわかっているのですが、ワンオペ育児で疲れ果てていた私は夫を気遣う余裕はなく、眠れないと言う夫を見て毎日かなりイライラしていたと思います。

私は育児で働きに出られない。そして、夫は休職。夫が働けなくなり収入がなくなることは生活に直結してしまいますので、不安ばかりが先走り、お先真っ暗な状態でした。

最初のうちは、傷病手当金（健康保険から支払われる手当で、病気やケガで休職を余儀なくされ、お給料をもらえない場合に、生活を保障するため設けられた制度）に助けられました。

しかし、傷病手当金は、最大でも1年6ヶ月までしか支給されません。私は、医療現場で働いていた経験から、鬱病は繰り返すということを知っていましたし、夫の状況を見る限り、休職の期間が2ヶ月と言われていても、本当に2ヶ月で復帰できるかどうか確信が持てませんでした。ですので、夫が鬱病であると診断された時点で、このまま続いたらヤバイと思い、**「私が何とかしないといけない」という覚悟**がわきはじめていたのです。

不安はお金のことだけではありません。ただでさえ不安なはじめての育児で、手のかかる子どもを自分１人で見ながら、夫の面倒も見なくてはならないのかという不安です。育児と介護が一気に押し寄せて来たような感じでしたので、自分の身が持つかどうかというところも不安でした。

さらに、気にしてしまったのが世間体です。夫が鬱病で大変そう、可哀想と同情されるのが嫌で、誰にも話さなかったので、周りの人に相談もできず、不満や不安を吐き出す先もない状況が続きました。唯一、実親だけには愚痴を聞いてもらっていましたが、最初は実親にさえも心配させたくなくて、話すことにも勇気が必要でした。

手術や治療をすれば完治するような病気ならば、治るまで頑張ろうという気持ちにもなれたと思います。しかし、いつ治るかもわからない。何もかも自分1人でやらなくてはならない。相談できる人もいない。そんな孤立したような状況になってしまい、永遠に続くかのように思える不安な気持ちが常につきまとっていました。

私が当時感じていたのは、

* お金の不安
* 夫がこのまま復帰できないのではないかという不安
* 子どもを育てていけるのかという不安
* これがいつまで続くのかという不安

だったのですが、**こういった生活の不安は、みなさんにもいつ起きるかわからない事象**だと思います。

私のように夫が病気になってしまうこともあるかもしれませんし、あなたのご主人がリストラにあうかもしれません。また、DVやモラハラなどが原因で離婚したいと思いはじめるかもしれませんし、親の介護などの問題で、働けなくなることもあるかもしれません。

いずれのケースにしろ、人生には想定できないようなさまざまな出来事が降りかかってきます。**ご主人に頼れなくなってしまったとき、家族や生活を守っていくのはあなた自身**です。

何事も起きなかったとしても、家庭において収入の柱が増えることは良いことだと思います。子どもが習い事をしたいと言い出したとき、大学に行きたいと言い出したとき、二つ返事で叶えてあげたいと思うのが親というものだと思います。年に何回かは旅行に連れて行ってあげたいし、たまには外食しておいしいものを食べさせてあげたいですよね。ご主人の収入だけでは、そこまで贅沢できないと思うようなことでも、自分に稼ぐスキルがあれば、日常の選択肢が増えることになり、もっと人生を楽しむことができるようになります。

そのため**必要なのは、あなたが経済的に自立すること**です。

私は、経済的に自立できるように、たくさんの失敗をしながら一歩一歩進んできました。しかし、みなさんには、私のように遠回りしてほしくありません。みなさんには、最短で自分の理想の生活を叶えていただきたいと思っています。

本書では、私の経験をお伝えしながら、みなさんの経済的独立の第一歩をお手伝いできればと思っていますので、ぜひ最後までお付き合いいただければと思います。

結婚、出産からの再就職は難しいと思ったほうがいい

まだ子どもがいなかった頃ですが、いったん退職したものの、やはり働こうと思い、結婚して3ヶ月ぐらいで再就職を決意したときの話です。

資格があれば余裕で通るだろうと思い、最初は臨床検査技師としての正職員の道を目指して面接を受けていました。しかし、当時は求人も少なく、ある病院の面接を受けたときなど、正職員の座を獲得するための倍率はなんと40倍。これは無理だと思い、職種にこだわらず一般企業の求人に申し込むことにしました。

本当に手当たり次第、計13社ほど面接を受けたのですが、履歴書は通っても、面接に行ったら、明らかに私の話を聞いていない。一般的な質問はされても、何を答えようが反応が薄い。あからさまに早く面接が終わったところもあったし、合否の連絡さ

え来なかったところもあり、結局どこからも採用の連絡をもらうことができませんでした。

理由はだいたいが一般的なものです。〝今回は残念ながら〟と言われ、特に詳しい事情、説明はなく書面や電話で断られる。そんなことが続き、「一体私のどこがダメなんだろう」と悩みに悩みまくったのを覚えています。

そして、最後に受けに行った会社で、私は**「結婚したばかりの女性に対する世間の目」**を知ることになります。そこの会社は女性の社長さんで、面接の際も履歴書を見てきちんと話してくださるとてもいい方で、他の面接と比べてみても、明らかに私に向き合ってくれている様子でした。

その女社長さん曰く、履歴書というものは、途中からだんだん字があらくなってしまうものらしいのです。書いているうちに、面倒になって丁寧に字を書かなくなってしまう人が多いのだと思いますが、採用の際は、そういうところも見られているようです。私の履歴書を見て、「字が最初から最後まで、全部同じトーンで書かれているから、きちんとした人だというのはわかる」と言ってくださいました。

「ただ……」女社長さんのお話は続きます。

「こちらとしては、**いつ産休や育休に入られるかわからない方は雇いにくい**。仕事を教えて、すぐに産休育休に入られたら、また次の人を面接して入れないといけない。それから復帰するとなったら、せっかく教育した育休代理の人をクビにしなくてはならない。

そうなるとやりにくいので、正社員採用するのであれば、申し訳ないのですがそういう条件の方は雇いにくい。他のところもおそらくそれで落ちているんじゃないですか」。

そんな風に話してくださったのです。

さらに、「もし子どもができて、それから働くならば、預け先も見つけないといけない。自分の子どもは小さい頃に入退院を繰り返し、仕事との両立が大変だった」。

そんなことも話していただき、今まで理由もなく断られていたのに、同じ女性からの誠実な意見を耳にし、すごく納得できたと同時に、**女性が働いていくことの厳しさを知りました。**

確かにいつ妊娠するかわかりませんし、妊娠したとしても、切迫早産などで入院しなくてはならないこともあります。私も採用側の立場になってみれば、自分のことは採用しないなと思い、就職することをきっぱりと諦めました。

リクルートワークス研究所が行っている、全国約5万人の同一個人の就業実態を毎年追跡調査する「全国就業実態パネル調査（JPSED）」では、夫や子どもがおり、働きたいと考えている25～54歳の女性の2年後に関する調査結果が出ています。

2019年の時点では、2年後に仕事に就いていた人は約4割に止まり、約2割は働く希望を持ったまま、3分の1は働く希望をなくした、とのことでした。仕事と家庭を両立できるかなどの不安があり、仕事に踏み出しにくいというのが主な理由のようです。

こうして、**働きたくても働くことができない女性がたくさんいる**という事実が、データで表れてしまっています。本当に、**出産を控えた女性や、子どもがいる女性が就職することは、難しい**ことなのだと改めて感じました。

〈　働く希望を持つ既婚女性の２年後の状況　〉

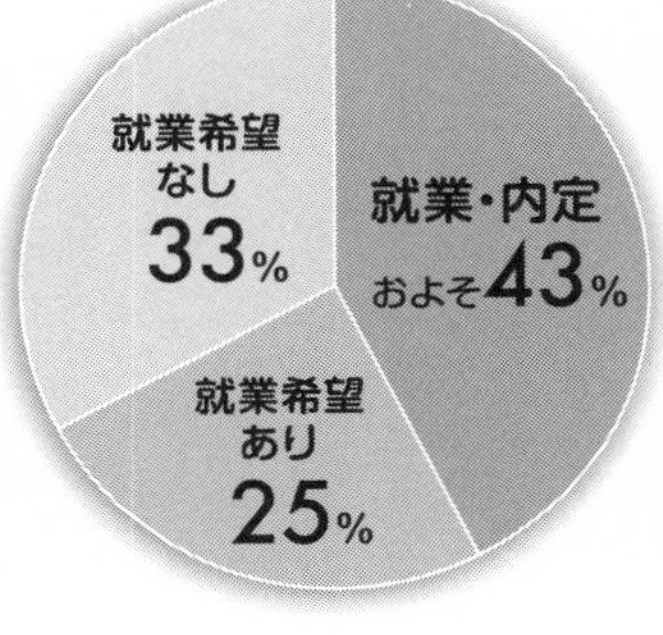

お金のことが心配で一歩踏み出せないあなたへ

私が運営しているスクールでは、物販のノウハウや稼ぐための考え方をお伝えし、女性の経済的自立をサポートさせていただいています。入会を希望されている方と初めに面談をさせていただくのですが、お話を聞いていると、離婚を考えているという方が、結構な数いらっしゃいます。

離婚したい気持ちはあるのだけれど、子どももいる。このまま離婚したら経済的に厳しい。子どもを見ながら家で働く方法はないか？　自分の力で生活していけるだけの収入を得る方法はないか？　そういったご相談を受けることが多いです。

実際に、スクールに入ってくださった方にも、離婚したいという一心で頑張っている方も多くいらっしゃいます。

離婚したいという切実な悩みに、重いも軽いもないと思いますが、客観的にお話を聞いていると、単にご主人に不満がたまっているだけの人もいれば、DVなどで本格的に別れた方がいいと思える人もいらっしゃいます。

しかしスクールに入っていただき、実際に自分で稼ぐという経験を積んでいくと、余裕が出てくるのか、夫婦仲が改善するケースもありました。今まで専業主婦で稼ぎがなく、肩身の狭い思いをしていた方が、自分で稼ぎはじめることでご主人と対等になるのでしょう。それとは、正反対のケースですが、稼ぎはじめて経済的な自立を確立し、望み通り離婚された方もいらっしゃいます。

どちらに行くのかは極端なのですが、**自分の力で稼ぎはじめることで、何かが変わるということだけは確か**です。私は、離婚に関して特に「こうあるべき」という意見は持ち合わせていませんが、みなさん1人1人が本当はどうしたいのか、自分はどうなりたいのかということについて、お金という1つの問題が解決することで、見えてくるものなのかな、と漠然と感じています。

時間にもお金にもしばられない生き方を満喫

経済的に自立することのすばらしさは、「自由に選択ができる」ということです。それは、先ほどの離婚したい方のケースでも言えることですが、もっと身近な生活に関しても言えることです。

たとえば、私のスクールの生徒さんには、マイホームが欲しいという目標を持ってスクールに入り、実際に家を買った方もいらっしゃいます。また、別の方は自分で稼ぎはじめてから、お子さんに好きな習い事をさせてあげているそうです。興味を持ったことなら何でも習わせてあげて、子どもの可能性を引き出してあげたい。そう思うのが親というものですよね。

お子さんがいらっしゃる場合、どうしても優先順位が自分よりも上になってしまうと思います。みなさん稼ぎはじめる前は、「子どもの習い事をさせてあげられていないのに、自分の美容にお金をかけるなんてとんでもない」などと考えてしまい、美容院やネイルやマツエク、エステにお金をかけるなどということは考えられなかったそうです。

しかし、稼げるようになると、自分のために心おきなくお金が使えるようになり、心身ともに充実している様子がうかがえます。

また、**物販は在宅でできる仕事ですので、人間関係にも時間にもしばられない生活を満喫することが可能**です。

外で働くと、いろいろな人と関わることが楽しい反面、煩わしい人間関係に巻き込まれることもありますよね。そういうことが苦手な場合、１人で家にいてできる仕事は大変重宝します。

雇われていない分、自分で時間の管理をすれば家事もこなすことができますし、お子さんの学校行事などにも対応可能です。経験がある方も多いと思いますが、子どもが突然熱を出して預けられなくなったり、学校や保育園から呼び出されたりすることがあると思います。そんなとき、在宅ワークだと臨機応変に対応できますよね。それは小さなお子さんがいらっしゃる方が働くにあたって、最優先したい事項なのではないでしょうか。

私自身も、**時間にもお金にも余裕ができたのは大きな成果**でした。

本人には怒られるかもしれませんが、うちの娘はあまり勉強が好きではなく、入れる高校があるのだろうかと心配になるくらいひどい成績でした。ところが、本人に行きたい高校ができ、勉強を頑張ると言い出したのです。

そこで塾に行かせることにしたのですが、今まで勉強をしていなかったこともあり、団体で指導する塾では思ったように成績が上がりません。そのため個別指導に切り替えることにしました。もちろん個別指導の塾の方が値段はかなり高いです。ただ、高校に進学するために塾に行かせるのに、「安いから」という理由で塾を選んでも意味がありませんよね。個別指導ってこんなに高いんだと思いながらも、対応できたことはよかったなと思います。

個別指導でわからないところを1から教えてもらい、娘は無事に希望した高校に合格することができました。

また、子どもがやりたい習い事に応えてあげられたことも親として大きいことでした。道具を揃えないといけないようなお金のかかる習い事でも、従来なら、お金のことを先に考えて首を縦に振れなかったものが、好きならやってみればという感じで、お金よりも子どもの気持ちを優先してあげられるようになったのです。家で仕事をしているため、習い事の送り迎えも問題なくこなすことができました。そんなときは、在宅ワークのありがたさを身に染みて感じたのを覚えています。

今、思い返してみると昔は、

＊1円でも安い食材を買い求めてスーパーのハシゴをする

＊食費を減らそうと自分の昼食はカップ麺にする
＊快適さを度外視し、光熱費を節約する
＊水道代節約のため、お風呂のお湯で洗濯する

といったように、お金がなく心に余裕がなかったため、目先のことにとらわれて見当違いな節約を頑張っていたように思います。

今では、せせこましい考え方はせず、こっちの方が体に良さそうだなというように、**値段ではなく商品の価値で買い物ができるようになった**のは大きな進歩だと思います。

在宅ワークのメリット

＊自宅でできるので煩わしい人間関係に振り回されることがない

＊自分で時間の管理ができる

＊子どものイベントを優先することができる

スキル？　才能？　資格？
そんなものなくても大丈夫！

働くことを考えたとき、スキルや、才能、資格、こういったものがないと雇ってもらえないと思い込んでいる方は多いのではないでしょうか。ましてや、自宅で、自分1人でビジネスを展開するとなると、なおさら、スキルや才能が必要だと思うかもしれません。

私は、かなりの資格ホルダーなのですが、臨床検査技師の国家資格をはじめ、これまでにアロマ検定、アロマセラピスト、ハーバルセラピスト、ハーブティー検定、漢方や薬膳の資格、ファイナンシャル・プランナー、簿記1級など、自分でも覚えきれないほどの資格を持っています。

しかし、この中で**収入につながっている資格は実はほとんどありません。**

会社を経営しているので、簿記は知っていて良かったと思っていますし、ファイナンシャル・プランナーも知識として持っておいて良かったなと思えるような資格です。他のアロマなどの資格については、女性は比較的アロマや薬膳に興味がある方が多いので、スクール入会の面談の際の話題作りには事欠かないというくらいで、資格そのものは特に収入につながっていないというのが本音です。

ビジネスを始めてみて実感したことは、**資格や才能があるから稼げるわけではない**ということです。大切なのは、きちんと続けられるかといったことや、稼ぐ目的が明確になっているか、というところであって、飛び抜けた才能があるから結果が出ているわけではないということを知ってください。

稼げるビジネスをいかに正しく進めていくか、これさえできれば、スキルや才能、資格は必要ないのです。

私の生徒さんの中でも、世に言う「スペックの高い女性」もいらっしゃいます。しかし、その方だけがずば抜けた成果を出しているわけでもありません。どちらかというと、**際立った結果を出す人というのは、目的意識が高い人**です。先ほど話したような、離婚したいと考えている方などは目を見張るような成果を出しているので、やはり、強い意志を持って動いている方は強いな、という印象があります。

今度は、「私にそんな強い目的意識なんてないし……」という方も出てきそうですが、そういった思考には陥らなくても大丈夫です。

大切なのは、とにかく自分を見つめ直し、自分自身を知っていくことです。よくあるのが、周りのみんなが10万円稼いでいるからわたしも10万円稼ぎたいといった感じで、人に流されるパターン。そうではなくて、どうして自分が稼ぎたいのか、どうしてビジネスを始めたいのか、自分がどうなりたいのかという**意志を明確に持っておくことが肝心**です。

もしまだ、自分がどうなりたいのか明確になっていなければ、ぜひこちらのワークをやってみてください。

Let's Try
ワーク

●あなたの理想の生活は？

（自分中心で構いません。ブランド物が欲しい・毎月エステに行きたいなど、なるべく具体的に思いつくだけ書いてください。）

………………………………………………

………………………………………………

………………………………………………

………………………………………………

●あなたの現状は？

（旅行に行きたいけどお金がなくて行けないなど、これも具体的に書いてください。）

………………………………………………

………………………………………………

………………………………………………

………………………………………………

●理想の生活を100点としたとき、
現状のあなたは何点でしょうか？　…………点

●100点に近づくために必要なことは？
何をするべきでしょうか？

………………………………………………

………………………………………………

………………………………………………

結果はいかがでしたでしょうか。自分でも思ってもみなかったような願望がわいてきたという方もいらっしゃるかもしれません。

これは、仕事のことだけではなく、他の悩みにも使えるワークですので、何かに迷ったときなど、いつでもやってみてくださいね。

第2章

月に5万円はカンタン♪ オススメの副業は？

投資、ハンドメイド、あらゆる副業に手を出した私

もう少し私の話をさせてください。結果的に物販で稼ぎ、今ではスクールを主宰している私ですが、物販に出会う前、稼ぐことができなかった期間はなんと13年間もありました。

前述の通り、夫が鬱病で休職してしまったけれど就職もできないという状況に陥り、自分の力で稼がないといけなくなった私は、あらゆる副業に手を出したのです（正確には副業と呼ばないかもしれませんが、副業的な稼ぎ方という意味で解釈してくださいね）。

●株式投資

まずは、家でできるものがいいと思い、株式投資を始めました。株式投資は基本的に長期投資が推奨されていますが、私は日銭を稼がなくてはならない身でしたので、当時流行っていたデイトレードに手を出しました。デイトレードとは、株式等の売買を1日で完結させる取引で短期投資戦略の1つです。1日に何度も買って、売ってというのを繰り返すわけですが、その日のうちに利益確定させる取引を半年以上続けていました。

私がデイトレードをしていた時期はちょうど相場がよく、ITバブルと呼ばれる好景気でした。大型株はもちろんですが、新規上場株や、新興市場の株式が上がっていた時代でしたので、どの株を買っても儲けることができる、そんな時期でした。そんなわけで、割と最初からうまくいってしまい、月に20万くらいの利益があることもありました。

しかし、うまくいくと調子に乗るのが人間というものです。デイトレードなら1日できっぱり終わる、と自分の決めたルールを守るべきだったのですが、もっと上がりそうだな、と感じた銘柄に関して、次の日まで持ち越しをするようになってしまいました。さらに、信用取引という、自分のキャッシュ以上にお金を借りて取引できるという**リスキーな取引にも手を出しはじめてしまった**のです。

そんなときに起きたのが、ライブドアショックです。これは、ホリエモン率いるライブドアが、粉飾決算の疑いをもたれ、東京地検の捜査を受けた事件ですが、当時相場をけん引していたライブドアが株式市場全体にもたらす影響は大きく、私が持っていたほとんどの銘柄がストップ安（株式の制限値幅の下限に達する）という状況に陥ってしまいました。売りの注文ばかりが出ている状態で、買いが少ないため、売ろうと思っても全然売ることができない。マイナスが1日に50万くらい出てしまい、これはヤバいと思っていさぎよく投資からは撤退しました。

●ハンドメイド

投資は無理だと悟り、次に始めたのがハンドメイドです。私はもともと手先が器用だったので、娘に自分好みの服を作って着せるのが楽しくて、小物から服から何でも作っていました。

すると、周りの人にどこで買ったの？　と頻繁に聞かれはじめ、もしかしてこれはいけるのではないかと思ってハンドメイドを始めたのです。

普段は、作ったものを雑貨屋さんに卸して売っていたのですが、当時はフリーマーケットのようなイベントが流行っていたので、売る場所には困りませんでした。

しかし、**ハンドメイドは時間がかかるのに単価が安く、利益は本当に微々たるもの**です。作っても作ってもお金にならず、10万円売上が出たら万々歳といった感じでした。しかも材料費を差し引き、作るのにかかった時間を考慮すると、時給は２００円程度にしかならず、何のためにハンドメイドを続けているのかわからない状態でした。そんなことを繰り返すうちに、疲れ果ててしまい、大好きだったはずのハンドメイドがいつの間にか嫌いになっていました。

ハンドメイドに見切りをつけようかと思っていた頃、子どもを預けられるようになったので、臨床検査技師として病院に復帰します。とはいえ、相変わらず正職員の道はなく、時給９００円のパートです。これだけでは食べていくのも難しく、また別の道はないかと考えはじめ、ある考えにたどり着きました。

それは、ハンドメイドは単価が安い、だったら単価が高いものを作ればいいのだという考えです。私の実家は陶芸教室をやっているのですが、陶芸は比較的単価が高く、原価率の割に販売価格を高く設定することができます。そこで、実家の手伝いがてら陶芸教室とハンドメイドのイベントで陶芸の作品を売るということに着手しました。陶芸もハンドメイドのようなものですので、やっていることは変わりばえしないのですが、単価が上がったので、作る数と作業時間が減ったという程度でした。

●自宅でアロマ教室

私のチャレンジはまだまだあります。

一昔前、自宅で教室をすることが流行っていた時期がありました。近所に住んでいたアロマの資格を持っているカリスマ主婦の教室が満員で、私にもできるのではないかと思い、アロマの勉強をして教室を開くということも試みたことがあります。

ただ、近くにカリスマ主婦がいたら私の所には来ないというのは、ちょっと考えればわかることです。差別化を図り、ハーブの勉強などもしてみましたが、やはり**集客は難しく、ありがたいことに友達は来てくれましたが、友達ゆえにお金が取りづらくて単価が下がる**、というスパイラルに陥ったこともあります。その頃は、アロマやハーブ関連の資格を取りまくっていたので、お金がかかるし、材料費もかかる、その割には単価を上げることができない。そんな風に感じ、早めに見切りをつけました。

物販スクールに入り、3日間で利益10万円をたたき出す!!

こんな風に、いろいろなことにトライしてきた私ですが、全部やめてしまったのは、「思ったように稼げなかった」というよりも、どちらかというと「**このやり方で稼いでも先がない**」と感じたからでした。ハンドメイドを続けても、「この作業量でこの低単価でやっていくのか」とか、陶芸を続けても、「このまま作業を続けるのか」と思ってしまい、何をやっても、これをやり続けるのか、どこまでできるのか、といった働き方に先が見えなくなり、やめてしまうという感じでした。

私は、時間もお金も自由になるというところをゴールにしていたので、不労所得とまでは行かなくても、**ある程度時間もお金も余裕のある生活を送りたい**と思っていたのです。

何か他のことをやらないと、と思い、当時流行っていた女性起業家のコンサルティングを受けてみたものの、やはりそのアドバイスも出口が見えない。私の欲しい答えはどこにもありませんでした。

よくある起業セミナーやコンサルでは、自分にしかできないことをやりましょう、ということや、いかに他の人と差別化するか、といったことばかり言われてきました。しかし、**自分にしかできないことをやっていては、仕事が増えたときにすべて自分がこなさなければならず、時間に追われる生活になります。**

仕事を増やさなければ収入は増えない。しかし、仕事を増やせば時間がなくなる。そうではなく、私は、もっと違ったものを求めていたのです。

そんなときに出会った、とあるブログがあります。そのブログには、今まで読んできたものとはまったく違うことが書かれており、私の欲しい答えがありました。そこには、**皆ができることがあればそれを教えて、任せていく方がいい**、といったことが書かれていたのです。

従来のコンサルのセオリーである、「自分にしかできないことをやる」では、やればやるほど自分の作業が増え行き詰まっていたのですが、そのブログのおかげで、私にはなかった「人に任せる」という目線が入ってきたのです。

その考え方に共感し、その方のやっているスクールに入ることにしました。何の根拠もなく、何をやっているスクールなのかもわからず、ただ、この人の下に入ればこの苦しい状況から抜けられるのではないだろうかと思い、直感だけで入ろうと思ったのです。

それが物販を教えてくれるスクールでした。そのとき私は、物販が何なのかすらわかっていない状態でしたが、言われた通りにやってみたら、いつのまにか**たった3日間で利益を10万円も出せるようになっていた**のです。

時給900円だった私が月収300万円の主婦社長に

時給900円。これは私が臨床検査技師としてパートで働いていた頃の時給です。

それが今では、月収300万円を稼ぐまでになりました。だけど決して収入を自慢したいわけではありません。私が伝えたいのは、「あなたにもできますよ」ということです。これまでお話ししてきた通り、私はたくさん遠回りをしてきましたし、何か特別な才能があったわけでもありません。ただ、**自分の望みをはっきりとさせて、それをあきらめなかった**。それだけの話です。

物販は2年くらい続けましたが、そこからちょっと発展させて、どうやったら物販で成功できるかという情報発信も並行してやってみることにしました。

ブログやSNS、セミナーなどで幅広く物販の良さを知っていただこうという試みです。

そうして情報発信を続けていたとき、ある方から物販スクールの講師のお話をいただきました。そのスクールは生徒が男性も女性もいるスクールでしたが、どちらかというと男性の比率が多く、その中に女性が入ってやっているような感じでした。

講師をさせていただく中で気がついたのは、**男性と女性はビジネスのやり方が微妙に異なる**ということです。男性はロジカルに数字を追いかけるのに対し、女性は比較的感情で動く部分があります。男性には目標を明確にし、今日やるべきことをはっきり提示してあげることで比較的うまくいきますが、**女性にはそれプラス寄り添ってあげる姿勢が必要**だと感じました。

＊物販に時間を割きたいが、家族に時間を取られまとまった時間が作れない

＊今日はここまでやると決めたのに、子どもが熱を出してできなかった

など、家事に育児に仕事に忙しく、さらに副業まで頑張っている女性には、いろいろな悩みが出てきます。

そんなとき、ただ論理的に解決方法を伝えるだけでなく、共感してあげたり、話を聞いてあげたりすると、心が軽くなり気持ちを切り替えることができます。中には特に具体的な解決策を伝えなくても、**悩みを聞いてあげるだけで収入が伸びる人がいる**くらいです。

女性がより楽しく幸せに成長していくことができるように、女性の特徴を生かすことができるようなスクール運営ができないかなと感じ、今度は女性限定でスクールを作る運びとなったのです。

こんな風に、私はトライ&エラーを繰り返しながら進んできましたが、みなさんは私のように遠回りする必要はありません。次からは、具体的な働き方を見ていきたいと思います。

スキマ時間で完了できる！忙しい主婦に向いている副業は??

家事に育児と、主婦は本当に忙しいですよね。だけど、自分でお金を稼ぎたい。こんな気持ちも心の奥底からわいてくる本音だと思います。

ここからは、**まずは「月に5万円」を自分の力で稼ぐことができるよう、主婦に向いている副業をご紹介していきたい**と思います。月に5万円稼げるようになれば、そこから自分のスタイルを作ってどんどん拡大させていけばいいのです。

最初の目標は「月5万円」で、スタートさせてみてください。

まず、**初心者や忙しい主婦が副業に失敗しないために選ぶ条件**は

1 集客がいらない
2 営業がいらない
3 商品を作らなくて良い

ということに尽きます。

これを知らないために失敗してしまう方は多く、私が長い間稼ぐことができなかったのも、この原則を知らなかったからだと言えます。初心者が集客や営業、商品開発が必要なものに最初に取り組んでしまうと、高い確率で失敗してしまいます。どういうことなのか、１つ１つ見ていきましょう。

まず、集客が必要なものに関してですが、**何もないところから人を集めるのはかなり難しい**、ということを知っていただきたいと思います。

たとえば自分で講座や教室を開いたり、ネットショップで商品を売ったり、カフェなど飲食店もそうですし、ネットでｎｏｔｅやコンテンツなどを販売するにも、集客が必要ですよね。いくら良い商品を持っていたとしても、集客ができなければお客様は来ず、売上にもなりません。

大企業ですら新製品を出すときに有名人を使ってＣＭを繰り返し流し、あの手この手を使って宣伝します。大企業だからといって、少し声をかけたぐらいでお客様が集まるようなものではないのです。まして実績のない人や、有名ではない人のところに人は集まって来ません。厳しいようですが、**集客を必要とするものは避けた方が無難**だと思います。

次に営業が必要なものについてです。

営業というものは、いわゆる商品を売り込むセールスのことを言いますが、**これには完全に、得手不得手がある**と思っています。

あなたは自分の商品を売り込むことができますか?

人を不快にさせず商品を売り込むのはなかなか難しく、初期の段階で心が折れてしまう方が多いのではないかと想像します。

たとえば洋服を買いに行ったとき、店員さんにぴったり接客されて、嫌な思いをしたことはありませんか？　また、ネットワークビジネスなどに勧誘されて困ったとか、家に営業の電話がかかってきて、なかなか切ることができなかったとか、そういった経験が誰にでもあるのではないかと思います。

お客様に気持ちよく商品を購入していただくためには、高度なスキルを必要とします。経験者ならまだしも、**初心者にとって営業が必要なビジネスはかなり難しい**、ということを知っておいてください。

最後に商品開発が必要なものについてですが、**初めのうちは自分で商品を作って売るという行為は、とてもハードルが高い**ことです。

たとえば、教室や講座、またはコンテンツのような、自分の商品をイチから作って売るとなると、ふたを開けてみるまで売れるかどうかなんてわかりませんよね。

自分で商品を作り上げるまでには、時間もお金も労力もかかります。もし作った商品が売れなかったとしたら、それまでに費やしたお金も時間も無駄になってしまうことになります。

時間がかかっても、お金がかかっても、お金を生みだせなかったとしても、「これがやりたい」という強い熱意や夢があればやってもいいと思うのですが、収入が欲しいという気持ちが先立っている場合には、**売れるかどうかわからないものを取り扱うより、確実に売れるものを扱った方が無難**です。

以上が副業を失敗させないためのポイントとなります。

初心者が副業を始めたときに失敗してしまう原因は、これだけではありません。主婦の場合、働き方を選んでいく必要もあります。次は**どういった基準で働き方を選んでいくべきか**、見ていきましょう。

1 好きな時間に好きな場所で取り組むことができる
2 すぐに成果が出やすい
3 誰がやっても同じ成果が出る

この3つを意識して副業を選んでみてください。

まず1つめの、「好きな時間に好きな場所で取り組むことができる」について見ていきましょう。副業に取り組むうえで最初に考えなくてはいけないことは、「時間の確保」です。

新しいことを始めるには、ある程度の時間が必要になります。仕事や家事で毎日忙しい日々を送っている人がほとんどだと思いますし、**小さな子どもがいる場合などは、なおさら副業のためのまとまった時間は取りにくい**と思います。

さらに、副業するといっても、2つの職場を掛け持ちして働くといったことは忙しすぎて現実的ではありませんので、できれば**時間と場所を選ばない、ネットを使った稼ぎ方を選ぶのが一番**です。

たとえば、私のスクールの生徒さんは、ほとんどが主婦の方なのですが、小さな子どもがいるママなどは、子どもが昼寝したときや夜寝た後など、ちょっとした隙間時間を狙って物販をしている方が多くいらっしゃいます。メルカリ物販であればスマホがあればできますので、子どもの塾のお迎えに行って、子どもが出てくるまで車の中で待っている間に作業しているなんていう方もいらっしゃいます。

ネット環境さえあればどこでも作業をすることができますので、場所を選ばず、自宅であろうがカフェであろうが、**好きなところで仕事をすることが可能であるという部分は、かなりポイントが高い**のではないでしょうか。

次の「すぐに成果が出やすい」についてですが、副業をしたいと思うのにもかかわらず、実行できない人が多いのは、

「自分にできるのだろうか」
「失敗したらどうしよう」

という思いを抱えているからだと思います。

はじめて挑戦することなので、失敗したらどうしようと思うのは普通です。しかも、不安な気持ちのまま副業に取り組んで、ずっと結果が出なかったとしたら、どうでしょうか。おそらく、「こんなことを続けても無駄なのではないか」などと思ってしまい、続けられないのではないかと思います。

はじめて副業をする際には、**目に見える結果がすぐに出るようなものを選ぶ、そして、成功体験を何度も積み重ねていく**、これが非常に大切なことですので、意識して取り組んでみてください。

３つめの「誰がやっても同じ成果が出る」についてご説明させていただきます。基本的に、成功している人を真似すれば同じ結果が出るビジネスはいくつかあり、**初心**

者が副業に取り組むときは、そういった再現性のあるものから取り組むべきです。

よく、「自分の好きなことで稼ぎたい」と言う人がいますよね。私も昔はそうでしたのでよくわかります。私の場合、ものづくりが好きなので、ハンドメイド作家をしていたことや、アロマ教室やハーブ教室を開いていたことをお話しさせていただきました。しかし、この手のものは誰がやるかによって結果が変わってしまう、再現性のないビジネスの代表格です。

たとえば、AさんとBさんが料理教室を開いているとします。

Aさんは普通の主婦。お料理が好きだからという理由で料理教室を開き、Bさんは有名店のシェフ。家庭でもプロの味を食べられるようにと料理教室を始めました。

この場合AさんとBさんの料理教室、どちらに多くの人が集まり、どちらに多くの収入が入ると思いますか？

答えは当然、有名店のシェフであるBさんの料理教室ですよね。

こういったビジネスは、その人の雰囲気であったり、話し方であったり、肩書であったり、いろいろな要素があると思いますが、同じことを誰がやるかによって売上が変わります。

人を選ぶビジネスですので、初心者には難しいというのが実状です。すでに有名人である場合や、よほど自信がある場合はトライしてみるのもいいと思いますが、今すぐ稼ぎたいと考えている場合は、避けた方がいいでしょう。

では、失敗しないビジネスのやり方を知ったうえで、**どんな副業を選んでいけばいいのか**、ビジネスの種類についてお話ししていきましょう。

ビジネスにもいろいろな種類がありますが、主婦が最初に思いつくビジネスと言えば次のようなものではないでしょうか？

＊内職
＊ポイ活（自己アフィリエイト）
＊クラウドソーシング
＊アフィリエイト
＊ＭＬＭ（ネットワークビジネス）
＊物販

どれも、自宅でできるものですので、主婦の方に適したものですが、それぞれメリットとデメリットがあります。１つ１つ見ていきましょう。

●内職

まずは内職です。経験、年齢、職種、性別、スキルは問わず自宅でできるものが多いので、参入障壁が低いのが特徴です。しかし、入力作業など単純なものが多く、**仕事は簡単だけど、単価が低くキツい**と感じる人もいるかもしれません。

●ポイ活（自己アフィリエイト）

次はポイ活（自己アフィリエイト）です。

ポイ活というのは、ポイント活動の略で、単純にポイントを貯める活動を指す場合もありますが、実際には、ポイントサイトと呼ばれるサイトに掲載されている案件をこなしてポイントを稼ぎ、現金化したり他のポイントに交換したりして生活の足しにしていくものです。

これも、ネット環境があれば誰でも取り組むことができますし、ポイントサイトのアカウントも基本的には誰でも作れるものですので、どなたでも参入可能です。**真面目に案件をこなすと、月10万円くらい稼ぐことができます。**

案件には、ポイントサイトを通じて金融機関の口座を作ることや、クレジットカードを作ることなどがありますが、**高額案件には厳しい条件がついていたり、ポイントを得るのに時間がかかったりする**ため、煩わしさを感じることもあるかもしれません。

ポイ活のやり方については、第3章にて詳しくご説明します。

●クラウドソーシング

次はクラウドソーシングです。クラウドソーシングとは、インターネットを介して人々に業務を委託するアウトソーシングの一種です。

クラウドソーシングのサイトに掲載されている案件で、自分にできそうなものがあれば、受けてみるといいでしょう。何か特別なスキルを持っている方は、企業側からオファーが来る場合もあります。たとえば、ｈｔｍｌやｃｓｓなどプログラミング言語を使ってプログラムを作ることができるような方は、ホームページ作成などの案件を受けてもいいと思います。

また、動画編集などの案件もオススメです。今、ＹｏｕＴｕｂｅｒが増えていますよね。私もＹｏｕＴｕｂｅ用に撮影した動画は自分で編集するのではなく、外注して編集してもらっています。すでに動画編集ソフトを持っていて、編集ができれば「1

本あたりいくら」という感じでお金がもらえるので、即金性もあるうえに、需要が高いものだと思います。ただ、スキマ時間を狙ってやるといったような副業ではないので、時間に余裕がある人の方が良いと思います。

クラウドソーシングの**メリットとしては**、自宅で作業可能であるということに加え、**最初の仕事で相性が良ければ、継続して仕事がもらえるかもしれない**ということがあります。

デメリットは、労働収入であるということです。自分に何かあって働けなくなってしまった場合は、収入が途絶えてしまいます。

スキルを必要としないものは、単価も安く競争率が高いのであまりオススメはしませんが、自分にとっては普通のことでも、第三者の目で見ると案外役に立つスキルを持っている場合もありますので、クラウドソーシングサービスに登録してみて自分の特技を生かせる仕事がないか、探してみるのも良いと思います。

●アフィリエイト

次のアフィリエイトというのは、作ったブログやサイトに、広告を貼り、その商品を売ることによってその紹介料が入る仕組みです。

これは**初期投資を必要とせず、金銭面でのリスクはほとんどありません**。しかし、稼げるようになるまで時間がかかり、今すぐに手元資金が欲しいという方には向きません。また、再現性に乏しく、**個人の力量により結果に大きく差が出てしまいます**。

私が知っている方で、アフィリエイトを1年間続け、数千円稼げるか稼げないかぐらいの人がいました。長く続けたからといって結果が出るというものではないということを知っておいてください。

アフィリエイトは、もともとライティングのスキルがある人や文章を書くのが好きな人には向いていると思いますので、先に他の副業に着手し、お金に余裕が出てきた時点で興味があれば取り組んでみるといいかもしれません。

●ＭＬＭ（ネットワークビジネス）

ＭＬＭとは、口コミで商品を紹介して広げていくというビジネスモデルのことです。ＣＭなどの広告宣伝費をなるべくかけずに、商品の購入者が商品の良さを伝えてクチコミで紹介していきます。購入者が販売員となり、別の販売員を勧誘していく仕組みで、一般的にはピラミッドのような構造になっています。

ＭＬＭは自分が人を紹介して勧誘しなければなりませんので新規を集めるためのセールスをする必要があります。**合法的な販売形態なのですが、ネズミ講と一緒にされ世間のイメージが悪いのが事実**です。

よく「２人紹介すれば大丈夫だから」なんて軽く声かけされることがありますが、イメージが悪い中勧誘することはかなり難しいと考えた方が良いです。

また、ビジネスの話をするのにその辺で立ち話というわけにはいきませんので、喫茶店でのお茶代や食事代もかかりますし、会員は基本的にその会社の商品を毎月定期購入する必要もあります。入会するための初期費用もバカになりません。それに自分の紹介者の面倒を見る必要もあります。

商品が好きで、人脈もあり、めんどうみがよく、営業が得意、そしてメンタルがかなり強い人にはオススメしますが、副業としてはかなり難しい部類であると考えた方が良いと思います。

●物販

最後に物販です。

物販は、ものを安く仕入れて、高く売って利益を出すビジネスです。何を売るのかと言いますと、たとえばアパレルであったり、電化製品であったり、ブランド品であったりと、取り扱うものは多岐にわたります。

安く仕入れて高く売るだけなので、誰がやってもあまり差が出ず、再現性が高いのが特徴です。少額から始められますので、リスクも少なく、慣れるまでは少ない資金で始めて、コツをつかんだら少しずつ拡大していくことで、大きく稼いでいくことができます。

即金性もあり、私の生徒さんでも**初月から10万円や20万円など、大きく利益を出す方もいらっしゃいます。**

デメリットは、利益を出すために努力を要するということです。**最低でも１日１～２時間くらいは物販の時間をとり、コツコツとやっていく必要がある**と思います。

また、リサーチが難しく、初心者が独学で仕入れて売ろうと思うと、売れない商品を仕入れてしまうこともあります。ただ、続けていればリサーチ能力などはついてきますし、利益も出せるようになります。**根気強く継続できる方にはオススメ**のビジネスです。

物販については、第４章にて、詳しくお話しします。

まずはご自分に合ったものを見つけて、稼ぐという体験をしていただくのが最も重要なことですが、**せっかく努力をするならば、効率よく稼ぐことができた方がいい**ですよね。

あくまで私見となりますが、内職・クラウドソーシングは、作業に比べ賃金が低い、アフィリエイト・MLMは、技術とセンスが必要で難しい、というイメージがありますので、オススメできない副業です。**ポイ活は作業時間が短いですし、誰にでもできます。物販も最終的には外注化も可能で、どんどん広げていくことができますので、非常にオススメです。**

私的オススメしない副業

- 内職
- クラウドソーシング
- アフィリエイト
- MLM（ネットワークビジネス）

オススメの副業

- 物販
- ポイ活（自己アフィリエイト）

column

コラム

扶養の範囲で働く? それともバリバリ稼ぐ??

「扶養の範囲で働くかそれともバリバリ働くか」これは、私がスクールの生徒さんから、かなりの頻度で相談を受ける内容です。

主婦がパートで働く際、夫の扶養範囲内で働きたいという人が多いのですが、お話を聞いていると、みなさん扶養というのは何たるやというのを、よく理解していないまま勘違いしているな、と思うことがあります。

どうして扶養の範囲内にこだわるのかを紐解いてみると、「働き損」になるのが嫌だという気持ちが透けて見えます。これ以上働いたら、税金を払わないといけなくなったり、社会保険料が引かれるようになったりして、損になるんでしょ? というように、何となく損をするのではないかと思い込んでいる感じが伝わってくるのです。

よく、103万円の壁とか、130万円の壁といった言葉を聞くと思います。数字が乱立していて混乱するかもしれませんが、わかりやすく表にまとめましたのでご覧ください。「扶養の範囲」といっても、税制上の扶養と社会保険上の扶養の2つに分かれており、ここまで稼ぐとこういった負担が発生するというのが見て取れると思います。

年収が130万円であれば、配偶者特別控除が適用され、満額38万円の控除が受け

	税制上の扶養	社会保険上の扶養
100万円の壁	これを超えると住民税が発生する、というライン 注)自治体によっては異なることもある。	
103万円の壁	これを超えると所得税が発生する、というライン	
106万円の壁		自身の勤務先で保険加入の義務が発生するライン 注)収入額以外に、従業員数や勤務日数・時間などその他の条件も合わせて判断される。
130万円の壁		これを超えると夫の社会保険の扶養から外れる、というライン 注)収入額以外に、従業員数や勤務日数・時間などその他の条件も合わせて判断される。
150万円の壁（2017年まで105万円の壁だったもの）	配偶者特別控除の満額（38万円）が受けられる上限のライン 注)夫の年収によって減額されることも。	
201万円の壁（2017年まで141万円の壁だったもの）	配偶者特別控除が受けられる上限のライン	

られますが（夫の年収が１１２０万円以内の場合）、社会保険上では夫の扶養を外れてしまう金額なので、保険料や年金を負担しなくてはならない可能性が出てきます。この場合、手取りが減ってしまい、いわゆる〝働き損〟となる可能性があるというわけです。

ここまで理解したうえで「扶養の範囲で働くか」を考えている人もいらっしゃいますが、どちらかと言うと感情論で「働き損」にならないよう抵抗している方が多いように見えます。

図をご覧ください。ディップ株式会社による「はたらこねっと」のユーザーアンケート扶養控除（配偶者控除）編の結果です。働くことを妨げているのは何ですか？という理由がランキング形式で表示されています。

ここには、通える範囲で仕事がないなど、さまざまな理由が挙げられていますが、ここのランキングにある理由はすべて、自分で思い込んでいるだけだと思いませんか？　たとえば、通える範囲で仕事がなくても、家でネットを使ってできる仕事もあ

〈　働くことを妨げているのは何ですか？　〉

1位	高い給料の仕事がない	…16%
2位	通える範囲でできる仕事がない	…15%
3位	子供が一人にできる年齢に達していない	…14%
4位	夫や家族のサポートがない	…12%
4位	自分の経験を活かせる仕事がない	…12%
6位	家事・育児と仕事を両立させられない	…10%
7位	安く子供を預けられない	… 6%
8位	信頼できる施設に子供を預けられたら	… 5%
9位	長い時間子どもを預けられない	… 3%
10位	短時間からでも働くことができる仕事がない	… 2%

出典：はたらこねっとユーザーアンケート
– 扶養控除（配偶者控除）編 - http://www.hatarako.net/

りますし、私も、家事・育児と仕事の両立はできないと思っていたのですが、実際に在宅ワークをやってみると、両立は可能だということがわかりました。

「できない」ばかりが先走り、従来の考え方のままでいると、動けなくなってしまいます。「働き方は限られているけど、扶養に入ったほうが働き損にならないし、私はパートぐらいしかできないから」という風に思い込んでいるような方がほとんどで、保険料がどのくらい増えるのかを厳密に計算して、バリバリ働くか、セーブしつつ働くかを考えている人は、少ないように思います。

これまで、扶養の範囲内で働いて、それでもお金が足りないから何かをやりたいと思っているようでしたら、いっそのことバリバリ働いたほうがいいのではないかと、私は思います。

うまく言えないのですが、みなさんの前には、ブロックみたいなものが立ちはだかっており、どうせ自分は、高い給料をもらえないから、だったら損にならないために扶養に入ったほうがいいよね、という考えを崩すことができない感覚があります。

こういった思い込みや、聞きかじりの知識でご自分の可能性を封じ込めてしまうようなことは非常にもったいないことです。しっかりと制度の本質を見極めたうえで、自分の理想の形はどういうものなのか考えてみてください。

たしかに、社会保険料や税金を支払うと、使うことができる現金が目に見えて減ってしまいます。しかし、ごみを捨てたら回収しに来てくれるのも、夜歩いていても街灯が明るいのも、税金のおかげです。そう考えると、払うことに抵抗が少なくなるのではないでしょうか。

また、社会保険料を自分で支払うメリットとして、老後に受け取る年金が、未加入時より多く支給されることが挙げられます。支払う保険料は給与により変わりますが、支払うべき保険料を勤め先と折半して納めるので自己負担も少なく済みます。

社会保険加入のメリットは年金だけではありません。たとえば、勤め先を辞めた場合には失業手当金が支給されます。また、失業期間中に教育訓練を受けることもでき、条件を満たせば再就職手当金を受け取ることができます。

さらに、大きな病気をしたときなど、思いがけず医療費が膨らんでしまうことも想定されますよね。そんなとき、医療費の家計負担が重くならないよう、医療機関や薬局の窓口で支払う医療費が１ヶ月で上限額を超えた場合、その超えた額を支給する「高額療養費制度」というものもあります。

また、出産で勤め先を休んだ場合には出産手当金が支給され、子どもが生まれたときには出産育児一時金を受け取ることもできます。さらに、海外で治療を受けたときには、健康保険がきかないため、支払った医療費の一部が払い戻される海外療養費制度、働けなくなったときの疾病手当金もあります。

このように、社会保険料や税金を支払うことはマイナスばかりではありません。どちらかというと、街を美しく安全に保つことに役立ちますし、働けなくなったときや病気をしてしまったときなどのセーフティネットとして非常に心強い制度です。

扶養の範囲で稼げるような金額だけあれば余裕があって、今の生活が自分にとって快適ならそのままで良いと思いますが、もっと稼げたらいいなと思っているならば、何かしらアクションを起こさなくてはいけません。結局、バリバリ稼いでいくしかないと思います。もう覚悟しましょう!

第3章

まずはポイ活でラクラク5万円Ｇｅｔ

ポイ活って何？

第2章にて、忙しい主婦にも適した副業の種類をお伝えしました。ご自身のライフスタイルに合った副業を選んでいただき、まずは自分で稼いでみるという経験をしていただきたいと思います。

お伝えした中でも、**ポイ活は気軽に楽しく始められて、月に5万円ぐらいは楽に稼ぐことができるもの**ですので、ここでさらに詳しくご説明させてください。

すでにご説明しましたが、ポイ活とは、「ポイント活動」の略語です。クレジットカードやQRコードなどの決済でポイントを得ることや、買い物をしてポイントを得ること、ポイントサイトといったサービスを利用してポイントを貯めることなど、生活に役立てる行動すべてを含みます。ここで私がオススメしたいのが、ポイントサイトを使ったポイ活です。

ポイントサイトというものをはじめて聞いたという方も多いかもしれません。どういったものなのかと言いますと、いわゆる広告代理業です。Web上に広告を掲載することにより、広告掲載依頼者より報酬を受け取り、サイト利用者は掲載されている広告を利用することでサイト運営者から成功報酬を得られるシステムになっています。

ポイントを貯める方法

実際の案件を見ていただくとイメージがわきやすいと思いますので、一例を見てみましょう。

たとえばこれはモッピーというポイントサイトに掲載されていた案件です。

モッピーを経由して、このＡＮＡ ＪＣＢカードというクレジットカードを発行申し込みすると、８０００ポイントもらうことができます（同じ案件があるかどうかということや、獲得ポイントは時期により変動します）。

モッピーの場合、８０００ポイントはそのまま８０００円に換算できますので、得たポイントは現金で銀行振り込みしてもらうこともできますし、他社ポイントに交換することも可能です。こういった案件を何件かこなしていくことで、稼いでいくというわけです。

ポイントサイトはいくつか存在していますが、**オススメは、先出のモッピー、ECナビ、ハピタス**あたりが業界大手で、上場している企業が運営しているサイトもあり、安心して利用できます。

ポイントサイトに登録すると、案件に申し込みができるようになっていますので、実際に登録するところからやってみましょう。

今回の例では、モッピーのアカウントの登録の仕方をご説明します。

1

まずはモッピーのトップページに移動します。

2

【無料会員登録】をクリックします。

モッピー登録ページ

3

メールアドレスを入力し、**「利用規約」「個人情報の取り扱いについて」**を確認し、**【規約に同意し登録する】**をクリック。

メールアドレス入力

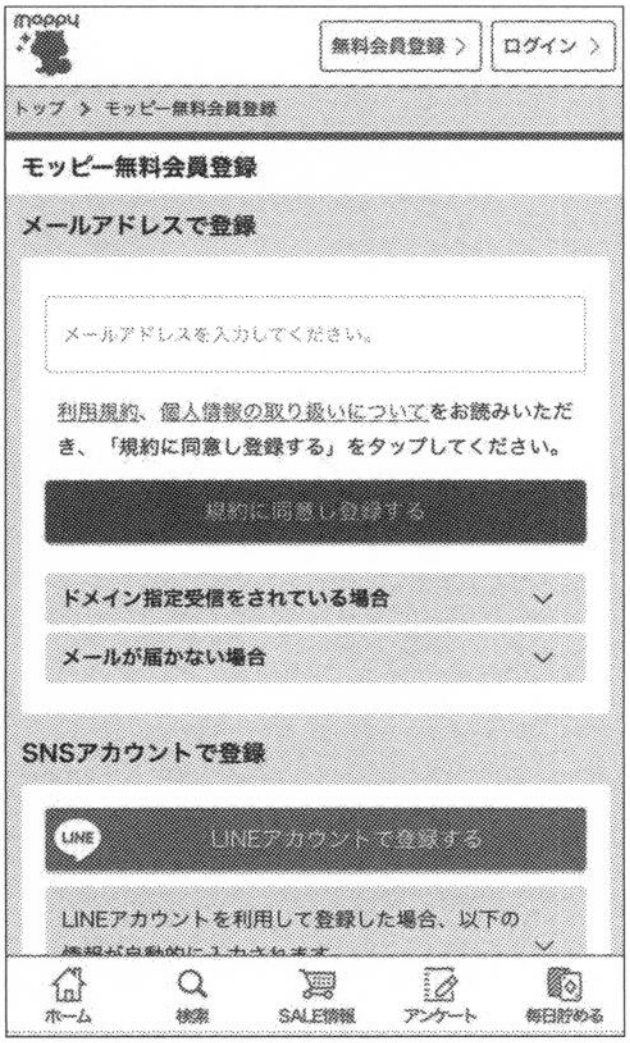

④

ここで入力したメールアドレスにメールが送信されますので、メールボックスを確認しましょう。送られてきたメールにURLが記載されているので、クリックするとモッピー登録画面に戻ります。

仮登録メール送信

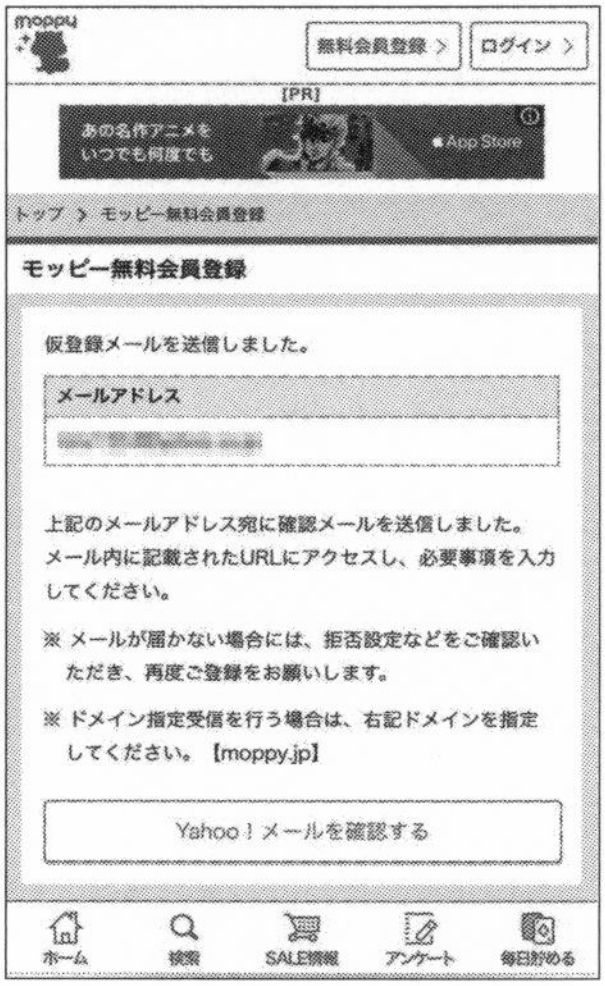
moppy
無料会員登録 >
ログイン >
[PR]
あの名作アニメを
いつでも何度でも
App Store
トップ > モッピー無料会員登録
モッピー無料会員登録
仮登録メールを送信しました。
メールアドレス
上記のメールアドレス宛に確認メールを送信しました。
メール内に記載されたURLにアクセスし、必要事項を入力してください。
※ メールが届かない場合には、拒否設定などをご確認いただき、再度ご登録をお願いします。
※ ドメイン指定受信を行う場合は、右記ドメインを指定してください。【moppy.jp】
Yahoo！メールを確認する
ホーム
検索
SALE情報
アンケート
毎日貯める

会員情報登録

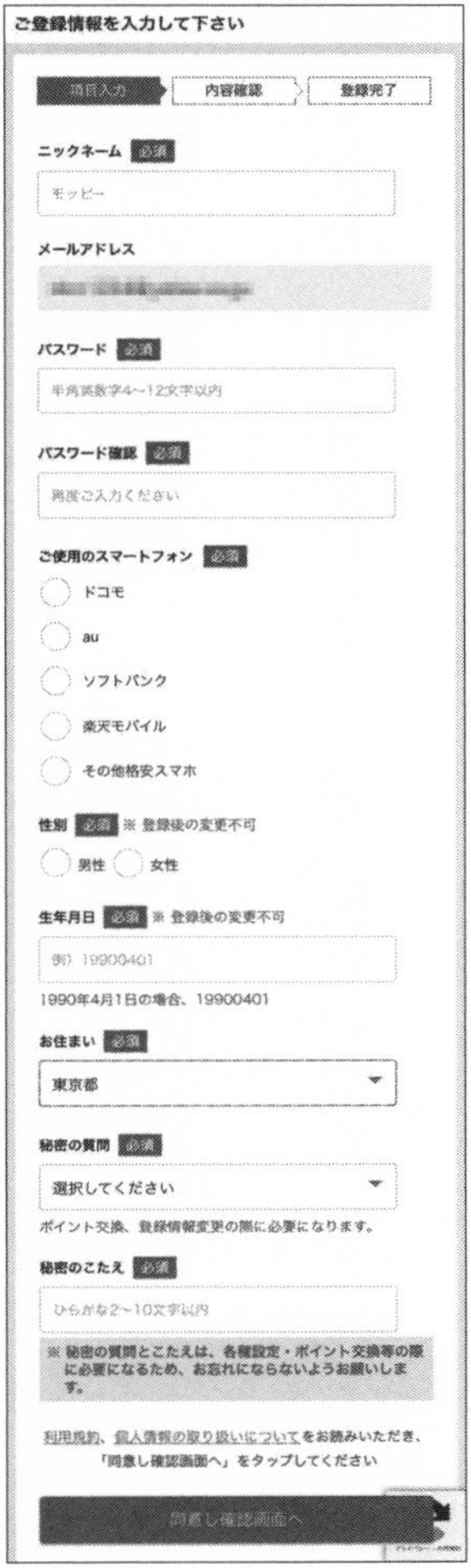
ご登録情報を入力して下さい
項目入力
内容確認
登録完了
ニックネーム 必須
モッピー
メールアドレス
パスワード 必須
半角英数字4～12文字以内
パスワード確認 必須
再度ご入力ください
ご使用のスマートフォン 必須
ドコモ
au
ソフトバンク
楽天モバイル
その他格安スマホ
性別 必須 ※ 登録後の変更不可
男性
女性
生年月日 必須 ※ 登録後の変更不可
例）19900401
1990年4月1日の場合、19900401
お住まい 必須
東京都
秘密の質問 必須
選択してください
ポイント交換、登録情報変更の際に必要になります。
秘密のこたえ 必須
ひらがな2～10文字以内
※ 秘密の質問とこたえは、各種設定・ポイント交換等の際に必要になるため、お忘れにならないようお願いします。
利用規約、個人情報の取り扱いについてをお読みいただき、
「同意し確認画面へ」をタップしてください
同意し確認画面へ

仮登録メール受信

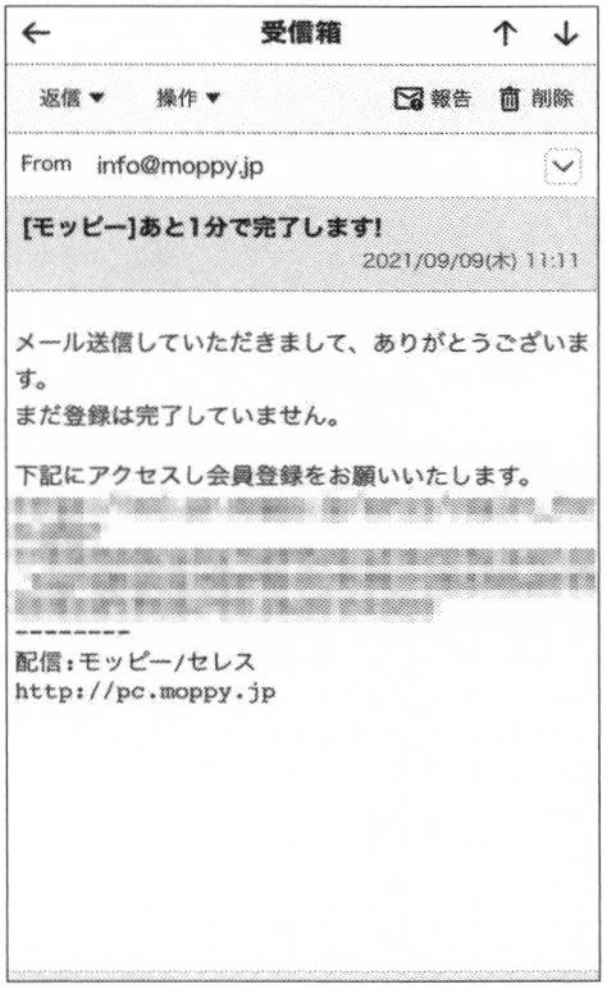
受信箱
返信
操作
報告
削除
From info@moppy.jp
[モッピー]あと1分で完了します!
2021/09/09(木) 11:11
メール送信していただきまして、ありがとうございます。
まだ登録は完了していません。
下記にアクセスし会員登録をお願いいたします。

配信:モッピー/セレス
http://pc.moppy.jp

5

❶～❻すべてを入力し、**【同意し確認画面へ】**をクリックし、登録完了となります。

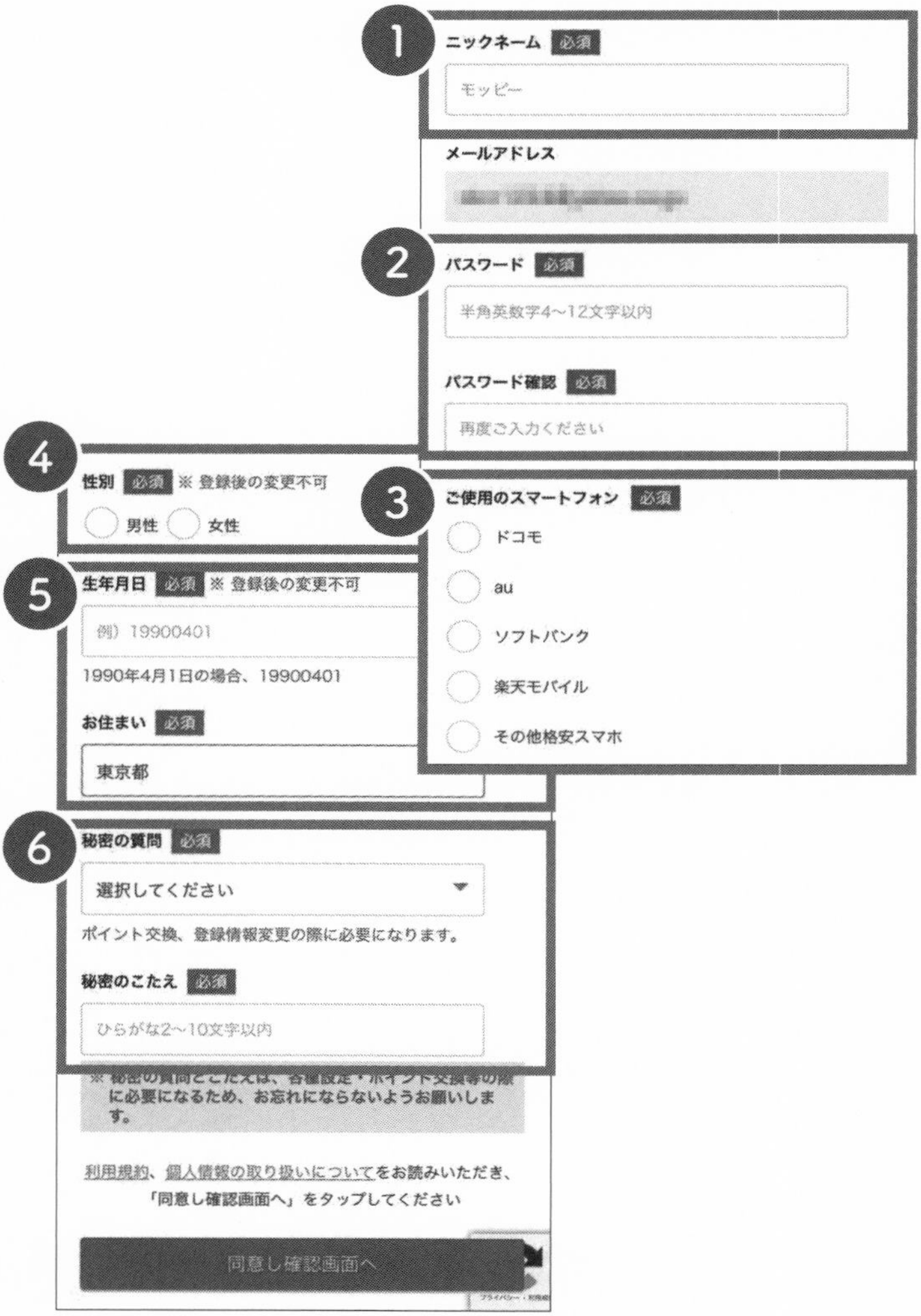
1
ニックネーム 必須
モッピー
メールアドレス
2
パスワード 必須
半角英数字4～12文字以内
パスワード確認 必須
再度ご入力ください
4
性別 必須 ※ 登録後の変更不可
男性
女性
3
ご使用のスマートフォン 必須
ドコモ
au
ソフトバンク
楽天モバイル
その他格安スマホ
5
生年月日 必須 ※ 登録後の変更不可
例）19900401
1990年4月1日の場合、19900401
お住まい 必須
東京都
6
秘密の質問 必須
選択してください
ポイント交換、登録情報変更の際に必要になります。
秘密のこたえ 必須
ひらがな2～10文字以内
に必要になるため、お忘れにならないようお願いします。
利用規約、個人情報の取り扱いについてをお読みいただき、
「同意し確認画面へ」をタップしてください
同意し確認画面へ

主婦にオススメ　効率が良いポイ活案件は⁇

サイトの登録が済んだら、実際にどんな案件があるのかチェックして、自分に合っていそうなものを探してみてください。とはいえ、案件の量は膨大ですので、私の方からも**主婦にオススメの効率が良いポイ活案件をご紹介させていただきます。**必ず、ポイントサイトを経由して申し込むことを忘れないでください。

① クレジットカード案件

具体的なポイ活案件の例としてもご紹介させていただいた**クレジットカード案件は、比較的高額なポイントが獲得できるのでオススメ**です。

クレジットカードを発行することに抵抗のある方もいらっしゃるかもしれません

が、将来的に副業の幅が広がっていったときに持っていると便利ですし、これからどんどんキャッシュレス決済は広がっていきます。一度使うとその便利さがわかると思いますので、最低でも１枚は持っておいていただくことをオススメします。

クレジットカードというのは、クレジットヒストリーという、クレジットカードやローンの利用履歴などの信用情報をもとに発行されます。つまり、クレジットカードの利用料金やローンを滞納した履歴が残っていたり、クレジットカードを短期間に何枚も発行したりすると、「この人お金がないのかな」と思われ、クレジットカードの発行審査に落ちることもあります。審査に落ちても、カードが無事に発行されても、どちらにせよ信用情報に記録が残ることになりますが、こういった記録が残るのは、あくまで過剰貸し付けや多重債務者の発生などを防ぐためです。

入会審査の際に年収を見られることもありますが、ご主人の年収と合算することもできますので、今は収入のない専業主婦でも問題ありません（万が一、離婚を考えている専業主婦の場合、逆に言うと婚姻関係があるうちに作っておいた方がいいです）。また、キャッシング枠をつけてクレジットカードを頻繁に発行すると、支払い能力を疑われ審査に落ちてしまうこともありますので、なるべくキャッシング枠はつけないで申し込みすることを心がけてください。

極端な話、クレジットカードを1日のうちに5枚くらい申請したら通る可能性はあります。しかし、今日1枚作って、次の日もう1枚作ってということを繰り返すと、申し込みの枚数は同じでも通らないことがありますので、気をつけてください。ですので、**クレジットカード案件に携わる場合は、1日に複数枚一気に申し込むのをオススメします。**毎日ではなく半年〜1年ごとに試してみてくださいね。

② セミナー案件

セミナー案件は、マネーセミナーや不動産セミナーなどに出席することでポイントを得ることが可能となるものです。

経済のことやお金のことなどを学ぶ機会にもなりますので、この機会にお金に強い主婦になってしまいましょう。

不動産セミナーというのは、不動産投資に関するセミナーに参加することです。参加するには年収が５００万円以上（年収要件は時期により変わります）といった縛りが設けられていることが多く、少々ハードルが高いですが、その分獲得できるポイントが大きいのが特徴です。

年収は、ご主人の年収や夫婦合算年収でも可能な場合がありますので、利用条件をよく確認してから参加してください。

3　保険案件

保険案件というのは、店舗型の保険の代理店などに保険の相談に行くことです。どんな保険に入ったらいいのか、今入っている保険は適切なのかなどを、ファイナンシャル・プランナーに相談することができますので、**保険について相談事があるときなどに利用してみるといい**でしょう。

こういった案件を利用する際は、真摯な態度で接し、まじめに保険の相談に取り組んでください。ポイントが欲しくて利用するのは悪いことではないのですが、先方もプロとして接してくれていますので、**ポイントさえもらえればいいという態度は避けましょう。**

4 資料請求

資料請求をするだけでポイントがもらえるという案件もあります。

資料の内容としては、マンションや住宅の賃貸・購入に関する資料や、保険の資料、学習塾などの資料もありますので、**欲しいと思っていた情報を取り寄せれば一石二鳥**です。

5 金融機関の口座開設

金融機関に口座を開設することでポイントがもらえる案件です。

場合によっては、○万円以上入金などと、細かく条件が設定されている場合もありますので、よく条件を読んでから申し込みしてください。

資産形成のためＮＩＳＡやｉＤｅＣｏを検討している場合など、**金融機関で新たに口座を設けようとしている場合にも利用できます**ので、ポイントサイトを経由して申し込みをすることを忘れないようにしましょう。

現金、マイル、他社ポイント
自分に合った交換先を見つける

ポイントサイトで貯めたポイントは、現金や他社ポイント、航空会社のマイルなど、交換先はたくさんあります。まず現金を稼ぎたいという方は、ポイントを現金化して銀行振り込みしてもらうこと一択ですが、よく使うポイントがある場合や、ポイントで持っていた方が家計の助けになる場合などは、現金にこだわる必要はありません。

ポイントサイトによって選べる交換先が異なりますので、その点は注意が必要ですが、**他社ポイントを1つに絞って交換する利点はとても大きい**ので、ご紹介させていただきたいと思います。

たとえば楽天ポイントです。楽天ポイントは、楽天市場をはじめとした楽天グループの利用で貯まるポイントですが、提携先が多いため、楽天グループ以外のサービスでも貯まりますし、使う先にも困りません。

楽天市場でお買い物する機会が多い人もいるのではないかと思いますが、ポイントサイトの案件でも楽天市場のポイントが貯まる案件がありますので、それを利用すれば、**ポイントサイトから得ることができるポイントと、楽天市場での買い物でもらえるポイントを二重取りできる**ことになります。

また、楽天ポイントが貯まるドラッグストアやカフェなどもありますので、意識的に利用することで、日常生活でも楽天ポイントを貯めやすくなります。

そのときに生きてくるのが、「楽天カード」というクレジットカードです。楽天カードを使って楽天市場で買い物をすることで、ポイントが何倍にもなりますし、電子マネーであるEdyも使えます。ポイントカード機能も兼ねていますし、普段行くスーパーマーケットやショッピングモールでの買い物の際も使うことができますので、オススメです。

また、第2章でご紹介したオススメの副業である**物販ビジネスを始めようと考えたときも、仕入れにクレジットカードを使うことで、さらにポイントを貯めることも可能**となります。カードを発行する際は、くれぐれもポイントサイトを経由することを忘れないでくださいね。

ポイントは、貯めても使うことができないと意味がありません。ですので、「貯めやすい」ことよりも「使いやすい」ことを念頭に貯めていってください。

ポイ活の注意点は？

ポイ活において**注意しなくてはいけない点は、ポイント獲得要件をよく確認すること**です。案件により細かく条件が異なりますので、よく読んでから申し込みするようにしましょう。

また、ほとんどの高額案件は１人１回のみ申し込み可能です。

たとえば、楽天カードを作って解約して、それから再度楽天カードを作る際は、ポイントが承認されないケースが多いので注意してください。

案件の性質により複数回ＯＫな案件もあります。たとえば楽天市場などは、買い物のたびにポイントサイトを利用することが可能です。

また、ポイントサイトの中には悪質なものや、詐欺まがいのものもあるようですので、注意してください。

たとえば、「ゲームのジェムが○個必ずもらえる」とか「登録者全員に1万円分のポイントプレゼント」などといった派手な偽広告を打ち、会員登録させるパターン。登録すると、大量の迷惑メールが送られてくるなどの被害があるようです。

実際にポイントがもらえることもあるようですが、現金化できるのが2万ポイントからであるため実質的には使うことができないとか、極端にポイントの有効期限が短いとか、換金に応じてくれないなどといった具合に、結局は手間をかけて個人情報を盗られるだけですので、**労力の割に極端に報酬が高額なものや、おいしすぎる話には乗らないよう心がけてください。**

ポイント比較サイト「どこ得」とは？

安心できるポイントサイトとして、「モッピー」「ハピタス」「ECナビ」という3つのサイトをオススメしましたが、これらは運営している会社が異なりますので、同じ案件でも獲得できるポイント数が異なることがあります。

でも、**どうせ同じ案件に取り組むのであれば、もらえるポイント数が多い方がいい**ですよね。そんなときに便利なのがポイント比較サイト「どこ得」です。

どんなものなのか見ていきましょう。

まず、「どこ得」と検索してトップ画面（**https://dokotoku.jp/**）に飛んでください。

トップ画面にある検索窓に案件名を入れると、その案件を扱っているポイントサイトと獲得できるポイント数が出てきます。

ここでは「楽天カード」を検索しています。

「モッピー」を経由して楽天カードを発行すると8000円分のポイントがもらえますが、「ECナビ」経由で発行してしまうと3000円分のポイントしかもらえないということです。

逆に、他の案件でECナビがモッピーやハピタスよりも多くのポイントを獲得できる場合もありますので、**何か案件に取り組む際は、どこのポイントサイトが一番お得なのかチェックしてから申し込むといい**でしょう。

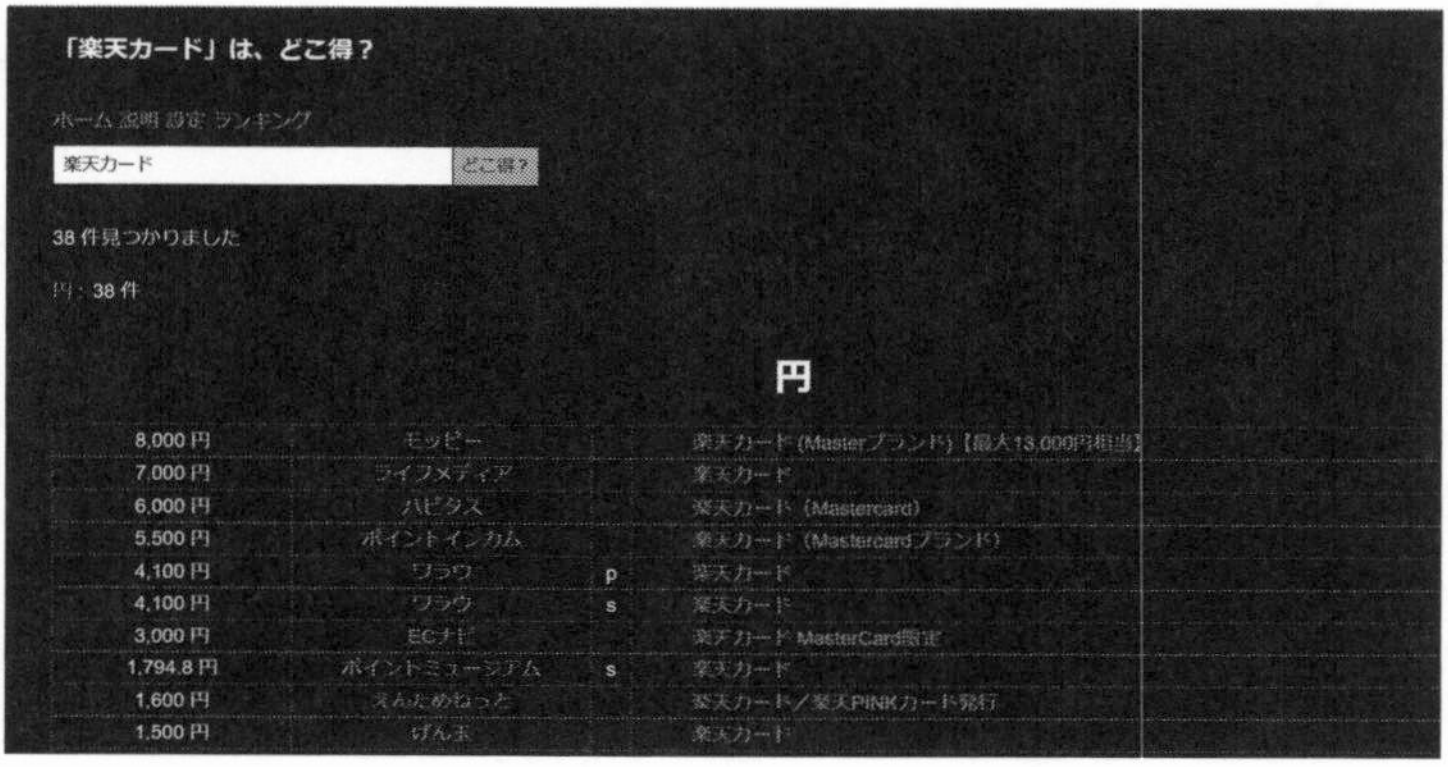
「楽天カード」は、どこ得？

ホーム 説明 設定 ランキング

楽天カード どこ得？

38 件見つかりました

円：38 件

円

8,000 円	モッピー		楽天カード (Masterブランド) 【最大13,000円相当】
7,000 円	ライフメディア		楽天カード
6,000 円	ハピタス		楽天カード（Mastercard）
5,500 円	ポイントインカム		楽天カード（Mastercardブランド）
4,100 円	ワラウ	p	楽天カード
4,100 円	ワラウ	s	楽天カード
3,000 円	ECナビ		楽天カード MasterCard限定
1,794.8 円	ポイントミュージアム	s	楽天カード
1,600 円	えんためねっと		楽天カード／楽天PINKカード発行
1,500 円	げん玉		楽天カード

第4章

メルカリで月5万円稼ぐためのHow To

メルカリで売れる意外なもの

みなさん、「メルカリ」はご存知ですよね。**個人が手軽に物品の売り買いができるフリマアプリ**のことです。買ったけれどまったく着ていない服や、家庭内の不用品等を出品してみたことがある方も多いのではないでしょうか。

ニッセイ基礎研究所の２０１８年の調査によると、各家庭の価値ある不用品は、なんと1世帯あたり約70万円にもなるとのことでした（1年以上使っていない不用品が対象で、車やバイクは含まれない）。さらにこの調査では、その不用品をメルカリで売った場合の平均金額は28万円という数字が出ているんですね。

みなさんのご家庭にも、使っていなかったり、忘れていたりする物があると思います。不用品を売るだけで、28万円ぐらいになるかもしれないと考えると、やってみる

メルカリで意外と売れるもの

＊トイレットペーパーの芯
＊ペットボトルのキャップ
＊新聞紙
＊流木
＊貝殻
＊使いかけの化粧品
＊ブランド品のショッピングバッグ・箱
＊くつ
＊離婚届
＊参考書・資格の本
＊雑誌の付録
＊使い終わったスマホ
＊空き瓶
＊牛乳パック
＊松ぼっくり
＊壊れた家電・ゲーム機
＊ランドセル
＊ダイエットグッズ
＊リモコン
＊応募シール
＊クーポン
＊ハーゲンダッツのふた

価値はあると思いませんか。

とはいえ、ピンと来ていない方も多いかもしれませんので、メルカリで売れる意外なものを図にまとめました。参考になさってください。

はじめて私がメルカリで出品したものは、使い古したグッチのポーチでしたが、自分で値段をつけ、売って現金を得たときの快感と喜びはひとしおでした。

不用品を売るだけとはいえ、競合との差別化を図る戦略や、売れ筋商品をリサーチして適正な値付けをすることなども考えないといけないため、物販の基礎を自然と身につけることが可能です。まずは身近なものを売ってみることで、その楽しさを味わってみていただければと思います。

月5万円を叶えるための出品ポイントとは？

メルカリで、月5万円稼げるようになるのは、そこまでハードルが高いことではありません。ちょっとしたポイントを押さえれば、出品したものが売れやすくなりますので、確認していきたいと思います。

1　プロフィールを整える

プロフィールはお客様があなたがどんな人なのかを判断する重要な要素になります。メルカリは相手の顔が見えないまま取引をしますので、お客様が商品を購入するにあたって、きちんと丁寧に取引してくれるのかどうかの判断材料になります。

ですので、お客様に信頼してもらい、安心して購入してもらうためにも、プロフィールはしっかりと作りこむことが大事です。

具体的にどのように作っていけばいいのかと言いますと、**好印象を持ってもらえるようなものにしてください。**

お客様の目に留まるのはなんといっても画像です。一般的に女性の写真を使ったアカウントの方が売れやすい傾向にあります。その理由は、女性だと梱包が丁寧そうだとか、優しく対応してくれそうとか、そういったイメージがあるからだと思います。

顔出しするのはちょっと……という場合は、フリー画像素材のサイトにある女性の写真を使わせてもらうのもいいですし、お花の写真などを載せて、女性を連想させるようにしてもいいと思います。

写真が決まったら、次はプロフィールの文章です。簡単な自己紹介と一緒に、ペットがいるかどうか、喫煙をするかどうかなど、お客様が知りたいであろう情報を簡潔にまとめて書いてください。語尾はですます調にするなど、丁寧な言葉遣いを心がけましょう。

プロフィールに「購入前のコメント必須」など、自分都合のようなメッセージを書いている方も見かけますが、メルカリにはそういったルールはないので、そのメッセージ自体には効力はありません。

そのうえ、自分のルールを押し付けることで、面倒くさいと思われて、そこでお客様の購買意欲がなくなってしまう可能性があります。どちらかと言えば、「即購入歓迎します」など、**お客様が買いやすくなるようなメッセージを入れている方が感じもいいですし、お客様の購買意欲も保たれる**と思います。

２ 写真を整える

メルカリは写真が最も重要です。写真が良ければ、それだけでお客様を引き付けることができます。１枚めの写真は必ず綺麗なものを使ってください。

シンプルな背景で明るめの画像を撮影し、出品している商品がひと目でどんなものかわかるようにしてくださいね。残りの写真は、商品の状態がわかりやすいように、いろいろな角度から写真を撮ってあげると良いと思います。

3 商品のタイトルと説明

お客様はキーワードで商品を検索することが多いので、**検索に引っかかるようにキーワードたくさん入れていきましょう。**

タイトルは40文字までとなっているので、ブランド、色、サイズなどがわかるものは必ず入れるようにしてください。また、「送料無料」「限定1本」などの購買意欲を上げるようなフレーズを入れるといいと思います。

説明文は1000文字使うことができますが、多く書けばいいというものでもありません。商品の状態や、使った期間、アパレルであれば、サイズや着丈など、**お客様が知りたいであろう情報を的確に入れることが大切**です。

もし、タイトルや説明を書くのが難しいと感じたら、参考になると思いますので、アマゾンなどのＥＣサイトの商品説明をチェックしてみてください。もし自分の商品と同じものがあったら、説明文を引用して使っても良いと思います。

４ 価格設定

まずは販売したい商品や、売っている商品を見つけてメルカリで売り切れ検索をしましょう。こうして**メルカリで相場を調べることが肝心**です。

相場を調べたら値段を設定しましょう。メルカリには値下げ交渉がくるのが当たり前なので、それを考慮してちょっと高めの値段をつけて、そこから少しずつ値下げをしていくのもいいですし、早く売り切りたければ、相場よりもちょっと安い値段をつけても良いと思います。

5 割引を使う

先ほども少しお話ししましたが、メルカリでは値下げ交渉がくるのが当たり前です。値下げに応じるか、応じないかはあなたの自由なのですが、**フォロー割や、おまとめ割など使ってみるのが良い**と思います。

フォロー割というのは何かと言いますと、プロフィールや商品説明欄に「フォローしてくれたら100円値引きします」とか、「他の商品を一緒に購入してくれたら100円割引します」などとあらかじめ書いておくことです。

割引条件を先に書いておくことで、無理な値引き交渉が少なくなりますし、フォローしてもらえれば、出品の度にお客様に通知が行くようになります。さらに、まとめて購入してもらえれば送料が抑えられて一石二鳥です。

お客様にとっても、自分にとってもメリットがありますので、フォロー割・おまとめ割をぜひ使ってみてくださいね。

⑥ セールをする、コメントを活用する

コメント欄は、お客様とメッセージをやりとりするだけだと思っていませんか？実は他にも活用方法があります。たとえば「いいね」がたくさんついているのに売れない商品はありませんか？　そんなときにその商品のコメント欄に、「週末限定セール中」とか「タイムセール中です」とか、そういったメッセージを入れてみてください。そうすることで、「いいね」をつけてくれている人に通知がいきますし、商品を見てもらえるチャンスも増えることになります。

給料日付近やボーナス時期など、**お客様の購買意欲が上がっているときに、コメント欄を使ってセール情報を流すのはかなり有効**です。売上ＵＰに直結するので是非使ってみてください。

7 SEO対策

SEO対策というのは何かと言うと、簡単に言えば、自分の商品をタイムラインの上にのせることです。

メルカリで思うように商品が売れないとき、おそらく多くの方が大幅な値下げをしてしまうのではないかと思います。しかし、それでは利益が減ってしまいますので、大幅な値下げをしないに越したことはありません。

自分の出品した商品を常にタイムラインに上位に表示させて、売れやすくするためのSEO対策をしていけば、**大幅に値下げすることもなく売ることができます**ので、その対策について見ていきましょう。

まず、タイムラインというのはツイッターやインスタグラムと同様に、新しい投稿から順番に上の方に表示されるようになっているシステムです。上位表示されている方が見てもらいやすいということになります。

メルカリで商品を上位表示させるには、次の方法を取る必要があります。

＊新しい商品を出品する

＊１００円以上値下げをする

新規出品したばかりのときは､必然的にタイムラインで上位表示されます。しかし、**一度出品して売れない商品は、タイムラインの下の方に落ちてしまいます。そのときに１００円以上値下げをすると、タイムラインの上位に表示される**のです。

しかし、このとき1つ注意していただきたいことがあります。一時期流行した手法なのですが、出品した商品を１００円だけ値下げし、瞬時に元の値段に戻すというものです。たとえば、３０００円で出品していた商品が売れない場合、１００円だけ値下げし、２９００円に設定する、そしてすぐに３０００円に値段を戻すといったやり方です。

かつては、この方法でタイムライン上位表示されていましたが、この方法はお客様には一切メリットがありませんので、現在ではアカウント制限や圏外飛ばしされる可能性があります。この方法は絶対にしないでください。

では、100円値下げしたらどうすればよいのでしょうか？　それは、「そのままにしておく」ということです。そうすれば、再度上位表示され、圏外飛ばしにあうこともありません。

しかし、売れないからと言って値下げを繰り返していると、希望の値段よりも安く売ることになってしまい、利益が減ってしまいますよね。それを避けるためには、**あらかじめ、希望の値段よりも10％ほど高く出品しておく**ことをオススメします。

たとえば、3000円で売りたいと思っている商品があったら、10％上乗せした3300円で出品すれば、3回は100円値下げを実施することが可能となり、タイムラインにも3回上位表示させることが可能です。

さらに、この商品に「いいね」してくれている人がいた場合、値下げの通知が来ることで購買意欲をＵＰさせる効果も期待できます。

この方法の注意点としては、１００円値下げして、タイムラインに上位表示させることができるのは、約24時間で１回ということです。それ以上やっても上位表示されませんので、**値下げは１日１回までにしておきましょう。**

では、１００円の値下げを3回しても売れなかったらどうしたらいいのでしょうか。そのための対策は「再出品する」ことです。

再出品をすると新規に出品するのと同じことなので、手間がかかってしまうことがデメリットですが、確実にタイムラインに上位表示することが可能となります。

商品の情報を前回とまったく同じで再出品しても良いのですが、１００円値下げを続けたにもかかわらず売れていないということは、何か売れない原因があるのかもしれません。**１枚めの写真を撮り直す、商品名や商品説明を少し変えるといった工夫を**

して再出品してみると、売れる確率が上がると思います。

少々手間はかかりますが、商品が売れずに悩んでいる方は、試してみるといいでしょう。

今回私が解説したSEO対策は、私の経験と人脈を通して知った情報を整理したものです。メルカリのタイムラインへの上位表示方法は公表されておらず、アルゴリズムもたびたび変更されています。ですので、この方法が突然使えなくなってしまったり、再び使えるようになったりすることがあると思います。出品の際は、閲覧数などに気を配りながら、注意して値下げ等を行い、おかしいと思ったら最新の情報をチェックすることをオススメします。

8 出品時間

商品を購入してくれるお客様が、どういう人でどういう時間にメルカリを見ている

のか、想像するということがとても大事です。

子ども用品であれば、子育て中の主婦が購入するだろうという予測がつくと思います。ですので、主婦がメルカリを見ていそうな時間帯は、午前中の10時くらいかな？と予測を立て、そういった時間に出品するようにします。

メルカリは出品直後や、ＳＥＯ対策直後に出品した商品がタイムラインの上位に表示されます。上位表示されたときに商品を見てくれる人が多ければ、売れる確率は上がりますので、**出品時間は売上を左右する重要な要素**になります。

9　人気のアカウントをマネする

商品の写真の撮り方、タイトルの付け方など、**売れている人のアカウントを参考にするのは上達の秘訣**です。ただ、まるパクリしたり、コピペをしたりするというのではなく、**どうして売れているのかなどの要素を考えて真似していくことが大切**です。

たとえば商品写真の撮り方で言えば、角度や明るさ、目立つように画像加工をしているかなどといった様子を真似しながら、うまくいっている人の考え方や行動を学びましょう。

以上がメルカリで稼ぐための9個のコツです。

他にもいろいろと細かい方法はありますが、この9個を実践しただけでも売れ行きが変わってくると思います。ただ、いくらメルカリのコツを知っても、実践しなければ身につくことはありません。利益を出したいと思うのならば、行動することが必要です。不用品から売ってみてもいいですし、真剣に稼いでいきたいのであれば、仕入れをして売っていくことも考えてみてください。

行動することができなければ1円も稼ぐことができませんので、稼ぎたいと思うのであれば必ず行動につなげていきましょう。

値下げ要求があった！いいねされるのに売れないこんなときどうしたらいい？

メルカリで「いいね」をする意味は、後で見直したい・値下げ待ち・他の商品と価格や状態を比較したいなどが考えられます。

「いいね」を押す人は、商品の購入を迷っている場合がほとんどです。「いいね」はされるけど売れないことが多い人は、値段が高かったり、画像が汚かったり、説明が足りなかったり、他の人より少し足りない部分があることが多いです。

ですので、前項でお伝えした9個のコツを1個ずつ試すところから始めてみてください。中でも値段で比較されていることが多いので、１００円値下げやセールなどは有効だと思います。

次に、値下げ要求があったときの対策について見ていきましょう。初心者の場合、

「絶対に売りたい」という気持ちがあるので、値下げ要求があったら応じてしまうことが多いと思います。

中にはすごい値下げ要求をしてくる人がいますが、**相場の範疇で出品していれば普通に売れるので、値下げに応じる必要はありません。**きちんと自分の基準を定めておいて、「この値段以下では売らない」というのを決めておけば、値下げ要求があっても応じる必要はなくなります。

たとえば、自分の商品を複数出品している場合は、「値下げはできませんが、お値段据え置きでこっちの商品を付けますけどどうですか?」といったように、今まで売れていないものを付けるなどの工夫をしてみてください。値段を下げると利益が減ってしまうので、下がらないようにするのが肝心です。

売れ残りを避けるためにも、最低限相場を調べるようにしましょう。同じようなものを出品している人の中で、自分だけ高い値段をつけていたりすると、確実に売れ残ります。

売るものがなければ仕入れるのもひとつの手

このように、不用品をどんどん売っていると、そのうち売るものがなくなってしまう人もいると思います。しかし、その時点である程度売るためのコツを会得しているのではないかと思いますので、もし次のステップに行きたい場合は、**仕入れをして売っていくのもひとつの手**です。

何を仕入れるべきなのかと言いますと、まずは、**仕入れしやすい「値段の安いもの」や送料の安い「軽くて、小さいもの」がポイント**となってきます。

まず、**仕入れ初心者にオススメなのは、百均の商品**です。

大きく稼げるわけではありませんが、なんといっても、1個110円から仕入れが可能ですので、仕入れに慣れるために、最初に取り組むのにはちょうど良いと思います。

物販と言うとハードルが高く感じられる方もいらっしゃると思いますが、まずは小さな一歩からで大丈夫ですので、とにかく、やってみることが大切です。

その前に、百均の商品が本当にメルカリで売れるの？と思う人もいるのではないでしょうか。物販の基本は、「安く仕入れて高く売る」ですので、100円で仕入れたものを100円超で売りに出せば利益が出ます。そもそも、百均の商品を買う人がいるのか、ということなのですが、結論を言うと売れます。

どういう人が買うのかと言いますと、家の近くにダイソーやセリアなど、お目当ての百均のお店がなくて買いたくても買えない人や、買いに行くのが面倒でネットで買いたい人、他には、メルカリの売上金が残っていて、それを使って何かしら購入したい人などです。

最近は百均の商品の質が向上していて、安かろう悪かろうという感じではないので、百均で売っている商品が欲しいという方は意外と多く、１００円以上の値段をつけても売れます。中には、定価が１００円以上のものもありますが、意外にもそういった商品も人気があるので狙い目です。

たとえば、ブルートゥーススピーカー。これは、定価６００円のものが、１４００円ぐらいで売れます。浴室でも使えるということで人気商品となっており、店舗でも品薄となっている商品です。

また、メスティンのようなキャンプ用品も人気があります。メスティンは定価５００円のものがだいたい2個で１５００円くらいで売れていることが多いです。さらに、定価１００円で売られているメスティン専用網もセット販売すれば、利益を大きくすることができます。

また、キャンプや海水浴などに重宝するドライバッグも、定価５００円のものが１０００円くらいで売れることが多いです。

YouTubeで紹介されて人気に火が付いた商品なども、品薄になっていることが多いため、見つけたら仕入れてみるといいでしょう。

たとえばホットビューラー。こちらは定価200円のものが600円ぐらいで売れています。SNSで人気に火が付き、見つけたら即カゴに入れる女子がたくさんいるようです。

他にも、つけまつげやアイブローペンシルなどのメイク用品などは、まとめ買いが生じやすく、高利益が狙える商品ですし、軽量で小さいので送料を抑えることができます。

ただ、こういった事例はあくまでトレンドがあるものなので、旬を過ぎてしまうと売れなくなる可能性もあります。**タイムリーにメルカリで売れる百均商品をリサーチするには、メルカリのキーワード検索のところで「ダイソー」と入れて検索してみてください。**

次に絞り込みボタンを押し、販売状況のところを売り切れにして決定をします。

そして完了ボタンを押すと、ダイソーで売り切れている商品がたくさんでてきます。この中で何個も売れているものや高値で売れているものなどを仕入れていくと、利益につながるというわけです。

また、先ほども少しお話ししましたが、**ＹｏｕＴｕｂｅで紹介されたものは、よく売れる傾向にありますので、ＹｏｕＴｕｂｅの検索窓で「ダイソー」とか「百均」といったワードで検索してみてください。**

そうすると、百均の商品を紹介している動画が出てくると思います。こうして取り上げられた商品というのはよく売れますので、ＹｏｕＴｕｂｅをチェックしておくと、売れる商品というのを見つけることができます。

販売するときに注意しなくてはいけないのは、きちんと送料も計算した値段設定をしなくてはならないということです。

たとえば、税込１１０円のものが１０００円で売れたとします。

こちらの利益計算としては、売値が１０００円ですので、そこからメルカリ手数料10％の１００円を引きます。さらに原価の１１０円も引きます。そして、大まかな送料の目星をつけます。たとえば、定形外郵便１４０円で送れそうな場合だと、そこからさらに１４０円を引きます。

そうすると、利益は６５０円となります。

売　値	**1,000 円**
メルカリ手数料	100 円
仕入れ値	110 円
配送料	140 円

＝ 1,000-100-110-140 ＝ 650

利益　650 円

こんな感じで、大体いくらの利益が出るか計算して、「このくらい利益が出るんだったら仕入れてもいいかなぁ」と、考えてから仕入れてください。

中には1個売っても数十円しか利益にならないものもあるので、なるべく利益が取れるようなものを見つけて、仕入れていくのが効率的だと思います。

ちなみに送料計算なのですが、大きさと大体の重さがわかれば送料がわかるアプリがありますので、そういったアプリを使うと便利です。

＊MerCalc（送料計算アプリ） https://apps.apple.com/jp/app/mercalc/id1241137228

百均であれば1つからでも仕入れられるので、気軽に挑戦できると思いますし、仕入れに慣れるためにはちょうどいいと思います。ただ、利益率が低いので、まとめ売りや、送料を抑えて利益を上げるなどの工夫は必要だと思います。

百均縛りだと、どうしても薄利多売になってしまいますので、慣れてきたらもう少し利益の取れる商品にトライしてみるといいでしょう。

仕入れ先はさまざまなのですが、以下にまとめましたので参考になさってください。

●SMASELL（スマセル） https://www.smasell.jp/

SMASELL（スマセル）は、アパレル在庫の卸売、仕入れサイトです。

個人でアパレル販売をしたいと思っている人が問屋や大手卸業者で仕入れを行おうとすると、受け入れてもらえなかったり、何十枚単位でしか仕入れができず、ロットが多すぎたりと、個人で仕入れを行うのは難しいこともあります。

しかし、「スマセル」であれば、新品でも古着でも、1点からの仕入れができるため、個人で仕入れをしたい方には、とても使いやすいサイトになっています。

●バイヤーズ https://buyerz.shop/

バイヤーズはもともと、日本中のメーカーから在庫を預かる物流センターを運営していましたが、直売市場として直販を始めたところ、人気が出て、インターネット販売を始めました。

扱っているものは、アパレルから家電製品まで、さまざまですが、個人のお買い物はもちろん、楽天やヤフーショッピング、各種オークションの出品者なども利用しているケースが多いことでも知られています。

●NETSEA（ネッシー） https://www.netsea.jp/

NETSEA（ネッシー）は「ネットで仕入れ」の略称で、主に、小売店が問屋（卸会社）から商品を仕入れるためのサイトですが、個人でも無料で会員登録できます。

メーカー、問屋、卸会社などのサプライヤーが取扱商品についての情報や卸売の価格を掲載しており、卸先を見つけたい問屋と仕入れをしたい小売店をつなぐ役割をしています。

●中古洋品店での仕入れ

インターネットを介した仕入ればかりをご紹介してきましたが、実店舗で仕入れをすることも可能です。

たとえばセカンドストリートのような、中古品を扱っているお店には、価値ある中古品が売られていることがあります。実際に店舗に足を運び、商品を見て仕入れ、メルカリ等で販売することも可能です。

ただ、**セカンドストリート等で、中古品を仕入れて転売するには、原則として古物商許可が必要**です。この許可を取らずに中古品の転売をすると、法律違反になってしまう可能性があるので注意しましょう。

第5章

月100万円も夢じゃない？
もっと飛躍していくためのHowTo

私の成長曲線

副業に挑戦するにあたり、目標設定は大事です。目標を立てたらそこから逆算して突き進むだけですからね。ただ、**目標を達成するためには必ず「成長曲線」というものを理解しておいてください。**

仮にあなたが「今年中に月50万円稼げるようになる」と目標を立てたとします。

1ヶ月めに5万円、2ヶ月めに10万円、3ヶ月めに15万円……こんな風に順調に伸びると良いのですが、現実はそういきません。最初はかなり苦戦すると思ってもらった方がいいです。

図を見ていただくとわかると思うのですが、自分が期待する成長と、実際の成長にはギャップがあります。

初心者が副業に挑戦するにあたり、まずは基本的な知識やスキルを身につけなければなりません。物販をするのであれば、メルカリの使い方、売れる商品の見つけ方、仕入れ方、商品を売るための考え方などでしょうか。

副業初心者の方はこういった基礎的な部分を乗り越えるだけでもかなりの時間を要します。そして、その準備期間にはほとんど収入が発生しません。

そういったことを頭に入れず順調に利益が伸びるはずだと思い込んでいると、1ヶ月後、2ヶ月後に思ったような利益が出なかった場合、「自分には向いていないのではないか」「このノウハウでは稼げないのではないか」などと不安を感じ、結果が出ないことをノウハウのせいや環境のせいにし、早々に諦めてやめてしまうのです。

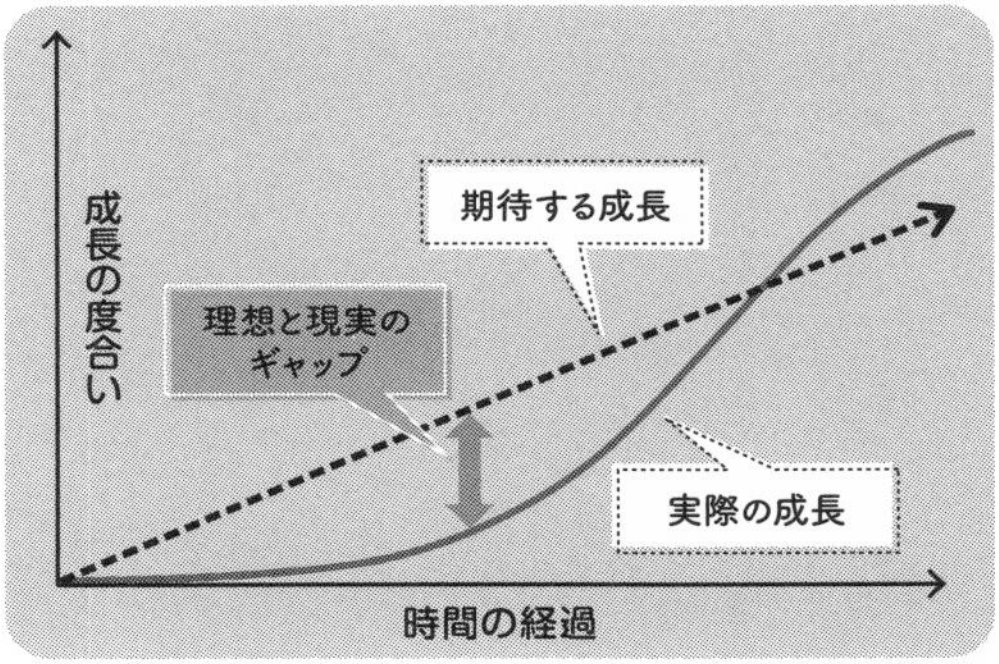

初月から高い利益を出す方もいらっしゃいますが、ほとんどの場合、基礎的な知識やスキルを身につけ、慣れてきてから収入は上がりはじめます。

私の場合ですが、初月に稼げた金額は6万円で、そこから10万円稼ぐために半年ほど要しています。ただ10万円から月商100万円までは早かったです。おそらく、30万円、70万円といった感じで、徐々に稼ぎは伸びてきたのだと思いますが、その間の記憶がなく、10万円から一気に月商100万円まで行ったような感覚があります。**あなたも副業に挑戦すれば必ず成長曲線を辿ることになります**。焦ることはありません。結果が出るまで継続しましょう。

これまでの章では、月に5万円稼いでいくためのHow Toをお伝えしてきました。月に5万円稼げるようになれば、だいぶ余裕も出てくるとは思いますが、「もう少しあったらいいな」というのが正直なところなのではないでしょうか。

第1章の最後でやっていただいたワークを思い出してみてください。「あなたの理想の生活は？」により近づけるために、さらに稼げるよう動いていきましょう。

月５万円→月10万円への道

実は、**月５万円稼ぐところから、月10万円稼ぐやり方はさほど変わりはありません。**たとえば物販であれば、慣れてくれば作業スピードは上がりますし、効率化できるところも出てきます。仕入れ量・販売量を増やしていけば、月に10万円はすぐに達成できます。

そのやり方ですと、やればやるほど収入は増えていきます。15万円、20万円と収入を増やすことができるかもしれません。ただ、気づけばがむしゃらに働いてしまい、作業時間が増えすぎてしまうことが懸念されます。何より、疲れてしまうような働き方になってしまうようでは何の意味もありません。

10万円→50万円への道

物販でも、他の事業を進めていく場合でも同じことが言えるのですが、もっと収入を増やしたいと思ったら、**1人でやっていく作業にはどうしても限界があるので、自分以外の力に頼る必要が出てきます。**それは、機械やシステムに頼ることであったり、お金を使って人を雇い、その人に頼ったりすることを意味します。

たとえば物販の場合、仕入れ・出品・梱包・発送、大きくこの4工程があります。そのどこかの工程を人に教えて任せることができれば、2馬力、3馬力で動くことができるようになります。個人で利益が10万円～20万円くらい出せるようになったら、そのうちの数万円を人に渡して、梱包や発送を手伝ってもらう。もしくは、仕入れだけを自分で担当し、出品・梱包・発送を手伝ってもらい、収益の何割かをもらうようにする、というやり方でもいいと思います。

人を雇う際は、ネットで募集するのもアリですが、ママ友に手伝ってもらうのもひとつの手です。みんなで集まって作業できれば楽しいですし、何より信頼できる人に手伝ってもらえるというのは非常にありがたいことだと思います。みんなで収入ＵＰすれば、一緒にランチをしに行くことなどもできるようになるので、同じように稼ぎたいと思っているママ友がいれば、ぜひ声をかけてみてください。

50万円以上稼ぐための選択と仕入れ先

50万円稼ごうと思うと、また少し工夫が必要です。それは、得意分野や興味の持ち方により、選択が変わってきます。

たとえば、**物販を極めたらその知識をノウハウ化して、情報発信して教えていく**という方法です。それは、YouTubeで発信したり、ブログに書いたり、セミナーを開いてみたりと、ご自分の興味によって選択が変わってくると思いますが、続けられそうなものを選び、活動をしてみるといいでしょう。

また、物販を拡大したい場合、今よりもっと多くの人を雇っていけば利益を増やすことができます。さらに、高度な市場や仕入れ先にチャレンジしていくことで、さらに世界を広げることが可能です。

第4章にて、いくつか商品の仕入れ先をご紹介しましたが、月に50万円以上稼いでいこうと考えたら、仕入れ先を増やし、より高度にしていく必要があります。

これからお伝えする仕入れ先は、難易度が高い分安く仕入れることができ、ライバルも少ないので、ぜひチャレンジしてみてください。

その仕入れ先というのは、中国のサイトがメインとなります。

● Ali Express（アリエクスプレス）　https://ja.aliexpress.com/

AliExpress（アリエクスプレス）は、中国のアリババグループにより運営されている、消費者向け電子商取引サイトです。

中国の会社が運営していますが日本語サイトもあり、卸というよりは、小売りサイトのような性質で、楽天などのショッピングサイトのように購入できます。

アリババ・タオバオより値段は若干高めですが、仕入れをするのに代行業者を必要とせずクレジットカードも使えます。また単品購入も可能ですので中国輸入初心者にはオススメです。

●Alibaba.com（アリババドットコム） https://www.b2b.alibaba.co.jp/

Alibaba.com（アリババドットコム）は、商材を仕入れたい買い手企業と、商材を販売したい売り手企業をつなげるための場をインターネット上で提供しており、日本にいながら海外の取引先を探すことができるサイトです。

中国をはじめとした世界各国から商品を仕入れられることに加え、メーカーと直接やり取りができるため、コストを抑えることが可能となります。ただ、卸売取引が前提のため、注文単位が大きくなってしまうのが難点です。

●阿里巴巴 1688.com（アリババ 1688.com） https://www.1688.com/

アリババには2種類あり、先ほど紹介したAlibaba.comは世界各国をターゲットにグローバル展開していますが、今回紹介する阿里巴巴1688.comは中国国内流通をメインで販売しているサイトです。

中国国内向けの卸売サイトですので、同じ商品でもAlibaba.comより1688の方が値段が安く設定されていることがほとんどです。

●淘宝（タオバオ）　https://world.taobao.com/

淘宝（タオバオ）は、〝見つからない宝物がない、売れない宝物がない〟という意味で、アリババグループが設立した、ＣｔｏＣ型のショッピングモールです。

タオバオは個人向けサイトですので、1個でも、2個でも、少量で仕入れることができるのが大きなメリットです。他のサイトに比べて、タオバオが取り扱う商品数は圧倒的に多いことも大きな特徴ですが、個人の方も出品しているため、質・量ともに不安定な店舗も数多いところは、気をつけなくてはいけません。

アリババやタオバオではほとんどの場合、中国語で商品の在庫確認や価格交渉を行わなくてはなりません。そのため、**中国語のスキルが必要**となります。

また、**商品代金の支払いは、支付宝（アリペイ）という中国の決済方法で行う**ため、アリペイのアカウントが必要です。アリペイのアカウントを作成するには、中国国内の銀行で口座を開設する必要があり、支払いをする際にはこの銀行口座へ入金をする必要があります。

さらに、中国独特の文化に対応しながら交渉する必要性があったり、せっかく良い商品を見つけても、日本まで配送してくれない店舗もあったりと、相当ハードルが高くなります。

しかし、**代行業者に依頼すれば、先ほど挙げたようなことをすべて代行してくれ、事前に商品をチェックしてくれるなどのサポートもあります**。そうなると、取引が一気にスムーズに運び、アリババやタオバオで仕入れをするメリットを加速させることが可能です。

以上が仕入れ先になりますが、慣れない手続きや、中国のサイトを使うこと自体を煩わしく思う方もいらっしゃるかもしれません。しかし、**そこを乗り越えてこそ見えてくる収入がありますので**、やってみる価値はあります。めげずにトライしてみてください。

第6章

あなたの理想の生活を叶えるために

子育て、家事をこなしながら社長業をやる私の時間管理術

1日は24時間しかありませんので、どう使っていくかで人生が大きく変わってきます。私の場合、自分自身のスキルアップに時間を費やしたことで、家にいながら100万円以上稼げるようになりました。

主婦のみなさんは、1日中めちゃくちゃ忙しいのではないかと思います。

私の場合、朝起きて夫と子どもの弁当を作って食事の用意をして皆を起こし、ご飯を食べさせて皆を送り出し、それから後片付けをするというサイクルで動いています。

以前はパートで働いていたので、パートに行って帰って来て、子どもの習い事の送迎をして、それから夕飯の支度をしてという感じで、バタバタしているうちに1日が

終わってしまい、気がついたら「今日も自分の時間がなかった」という切ない想いをしていました。

時間に余裕がなかったので気持ちにも余裕がなかったですし、いつまでもこんな生活を送るのはイヤだなと、常に考えていました。

そもそも私が真剣に時間管理をしようと思ったきっかけは、物販に出会ったことです。

夫の給与と自分のパートの収入を合わせても、子どもの教育費や自分たちの老後のための貯金を考えると、どう考えてもお金が足りませんでした。ですので、きちんと自分で稼ぐスキルを身につけようと思い、物販スクールに入りました。

自分にとっては、結構な大金を払って物販スクールに入ったので、最低限、スクール代は回収しないといけないと思っていましたし、忙しい毎日でしたが、絶対に稼げる自分になろうと決めていました。そこで、気合いを入れて、物販をする時間を作るために自分のスケジュールを見直してみたのです。

改めて自分の生活を見つめてみると、今まで忙しい忙しいと思っていた生活が、意外とやらなくていいことに時間を使っていて、削れる部分が結構あることに気づかされました。

そこで、**私が最初にやったことは、無駄なことを止めるということ**でした。いらない部分を削り、やらないことを決める、これだけです。

主婦をやっていると、あれもやらなきゃ、これもやらなきゃ、と次から次に思い浮かんできませんか？ でも思いついたことを全部やっていたら、いくら時間があっても足りません。

ですので、「やらなくてはいけないこと」ではなく、「やらなくていいこと」にフォーカスするように心がけてみてください。

小さなことからでもいいので、どんどん無駄を省いていけば、自分に使える時間はちょっとずつ増えてきます。

参考までに、私のやらないことリストを一部抜粋してご紹介したいと思います。

1 毎日買い物に行かない

スーパーに行く往復の時間が無駄なのでまとめ買いに変えました。

2 おしゃれな入れ物に詰め替えをしない

昔はおしゃれな生活に憧れていたので、洗剤などを無印のボトルなどに詰め替え、ラベリングしていたのですが、面倒ですし時間がかかるので止めました。

3 LINEの返信ついでにSNSを見ない

ＬＩＮＥの返信をするだけのつもりで携帯を見ただけだったのに、ついついＹｏｕＴｕｂｅを見たり、友達のフェイスブックを見たりしてしまうことがありませんか？

そういった類のものは、見はじめるとキリがありません。ですので、用もないのに何となく携帯を見るのをきっぱりと止めました。

ＬＩＮＥの返信をするときはＬＩＮＥしか見ない、返信だけすると決めています。ちなみにですが、グループＬＩＮＥでの意味のない会話などにも入らないようにしています。少々冷たいようですが、返事すべきものにはきちんと対応するので、特に人間関係に問題が生じることもありません。

4 機械にやってもらえる家事はやらない

たとえば、食洗機やルンバなどの便利な家電を購入すれば、食器洗いと掃除機という家事の手間を減らすことができます。家電を購入するお金はかかりますが、そこにお金を使うことにより浮いた時間で、稼げるようになるスキルを身につければいいと思っていたので、躊躇なく買いました。

5 迷わない

これは、「迷う」ことに時間を費やさないということです。迷うことって、案外時間を使ってしまいますよね。なので、ウジウジせずに即決即断をする癖をつけています。ちなみに私は、レストランでメニューを決めるときも迷わず、即決します。

6 特に会いたくない人のランチ会や飲み会にはいかない

昔は誘われたらとりあえず参加していましたが、ランチや飲み会は、愚痴大会になることも多いので、気乗りしないものには参加しないことにしています。

以上が抜粋したものになります。

このように、今までやらないといけないと思い込んでいたことや、無駄に時間を使っていた部分を減らして時間を捻出しました。

「やらないこと」を決めても忘れてしまうこともあるので、忘れないためにもリストを作っておくと便利です。可視化すると、「やらなくていいことがこんなにたくさんあったんだ」と驚きますよ。

時間を捻出した後、その時間を使うための時間管理も重要になってきます。やったことは大きく2つ。

1 全体像を把握すること

2 優先順位をつけて動くこと

1つめの「全体像を把握する」ですが、**私は紙に1日のスケジュールを書き出します。**

たとえば、この時間まではパートに入っているとか、この時間には子どもの習い事があるとか、何時に何をやらなければいけないのか、決まりきった部分を書き出しておきます。

1日の流れを書くことによって、**スケジュールの空き時間が確認できますので、私の場合は、ここの空き時間は自分のために使う、という風に先に決めていました。**

先に決めておかないと、ついつい家事に時間を使ってしまい、結局自分の時間がなくなってしまいます。1日の全体の流れを把握した後は、まず自分の時間を確保するということをやっていました。

2つめの「優先順位をつけて動く」についてですが、自分の時間を確保したら、次は優先順位を決め、絶対に今日中に終わらせたい作業は何か、**優先順位を決めて大事なものから終わらせていく**という方法です。

ただ大事なのは、**優先順位をつけるのはせいぜい3つまで**ということです。その中で一番大事なものを1つだけ、「今日はこれだけをやる」と決めて、これだけできれば上等という感じでやっていました。

この方法でやると、こなすことができるタスクが少なくなると思うかもしれませんが、**1つのタスクが達成できると、次のタスクのやる気にもつながります。**

私の場合は物販のスキルアップのために時間を使いたかったので、たとえば優先順位1番めに商品を出品すると決めたとして、2番めは売れない商品の画像を加工する、3番めは売れていない商品の値段を見直す、などと決めたとしますよね。

その時に1番優先順位の高い「出品する」ができると、おのずと達成感とともにやる気も出てくるものです。

そして、2番めの画像加工につながり、3番めの商品の値段を見直すところまでモチベーションを保つことができ、いつの間にかすべての作業が終わってしまっています。

かつては、多くのタスクをこなすために、スケジュールに空きがあったらタスクをびっしりと組んでいたのですが、人間というのは弱いので、**少しでも計画が崩れたときにやる気がなくなってしまう**ものです。たとえば、ダイエットしていたのに、1つお菓子を食べてしまったことによって、「今日はいいから明日からダイエットしよう」といった感じです。

せっかくできた時間を無駄なく使おうと思って、ぎっちり計画を組んでしまうよりは、これだけはやると決めて、ある程度の余裕を持たせて取り組んだ方が、トータルで見るとより多くのタスクが片付いていることがあります。

みなさんも日々お忙しいと思いますが、「時間がない」「できない」と思ったらそこで終わってしまいますので、できるようにする方法をどうにかして見つけていくことが大切です。

自分の人生を有意義なものに変えていこうと思ったら、上手な時間の使い方を身につけるのはとても大事なことだと思います。これはあくまで私のやり方ですので、みなさんそれぞれやりやすい方法を見つけ、1日24時間自分のために有効に使えるよう、工夫してみてください。

日常の目線を変えることによって稼げるようになる

稼げるようになるには、お金の使い方を学ぶことは必須です。お金がないと言っている方は、だいたい使い方を間違えていることが多いです。

最初に質問させてください。

あなたは今、自由に使っていいお金が100万円あったら何に使いますか？考えて、その答えをメモしておいてください。最後に答え合わせをします。

お金の使い方は大きく分けて3つあります。

1 浪費
2 消費
3 投資

1つ1つ見てきましょう。

まず、**浪費ですが、端的に言えば無駄遣いのこと**で、お金がないと言っている方は、浪費にお金を使う割合が非常に高いです。

たとえば、あまり欲しくはなかったけれども安かったから買ってしまった洋服や、愚痴ばかりで楽しくもないようなランチ会の参加費など、**心も豊かにならなければお金も増えないお金の使い方は、浪費**と考えていいと思います。

次の**消費は、生きていくために必要なお金のこと**で、食費や水道光熱費、家賃などはこれにあたります。ここは自分を快適にするためにも、節約などせずに使った方がいいと思います。

最後に投資です。投資と言えば、株式投資とか不動産投資などの金融商品を思い浮かべるかもしれませんが、それだけではありません。

投資というのは、基本的にはリターンを狙うものですので、そういった意味では自分のスキルアップのために使うことも投資のうちに入ります。**投資をして、仕事に生かすことにより結果的にお金が入ってくる**ことになります。

お金持ちとそうでない人の大きな差は、投資の割合です。

お金持ちは投資にたくさんお金を費やしています。たとえば、本を読むことも自分のスキルや知識を学ぶことも自己投資になるのですが、お金持ちの中で毎日30分以上読書をする人の割合は88%、年収300万円前後の人たちの中で毎日30分以上読書をする人の割合は2%だそうです。ビル・ゲイツやウォーレン・バフェットのような大富豪でも、毎日30分以上も読書しているというのを聞いたことがあります。

自己投資の差が収入の差になり、人生の豊かさの違いになることは明らかです。株式投資などの金融商品の投資で収入を増やそうと思ったら、かなりの資本金とかなりの知識が必要になります。さらに、マイナスになるリスクも考慮しなくてはなりません。

ですので、お金持ちになりたいと思ったときに投資するのは、金融商品ではなく、**自分のスキルアップのためにお金を使う自己投資がオススメ**です。

さて、このあたりで最初に考えていただいた「100万円あったら何にお金を使いますか？」という質問の答えを確認してみてください。どんなことを書いていたでしょうか？

ローンの返済、旅行、好きなものを買う、そういった消費や浪費にあたるものばかり書いていませんか？　投資にあたるものを1つでも書いていたでしょうか？　もちろん自分のお金は自分の好きなように使って良いと思います。ただ、今あなたがお金が足りないと思っていて、お金持ちになりたいと思っている場合は、まずはお金の使い方を変えなければいけません。

本を読むことでもいいですし、セミナーに参加することでもいいですので、自分の能力や人生の成長のためにお金を使うことが大切です。

お金持ちになるためには浪費を減らして投資を増やすことが必須です。お金持ちになりたいと思うのであれば、お金が増えるところにお金を使っていきましょう。

成功するために捨てるべきもの

あなたは稼ぎたいと思ったときに、まず何をしますか？　ブログやＹｏｕＴｕｂｅを見て手当たり次第に情報を集めたり、手に職をつけようとして資格を取ったりしていませんか？

実はこれ、以前の私のことです。

副業に挑戦しては失敗ばかりしていた頃の私は、情報や資格などを集めたり手に入れたり、とにかくインプットして知識を増やすことに一生懸命でした。

今になればわかるのですが、**稼ぎたいと思ったときに本当に必要なのは、増やすことではなくまず捨てること**なのです。

私は以前、時給900円でパートしていたのですが、あるものを断捨離することで、パート時代と比べて年収は10倍以上にUPしました。

収入を上げて豊かに暮らしたいと思う方は、ぜひ参考にしてみてください。

私が稼ぐために捨てたものは3つあります。1つずつ見ていきましょう。

1 思い込み

1つめは、思い込みです。自分の考え方や常識が正しいと思っていることが「思い込み」です。**今あなたが稼げていないのであれば、まず思い込みを捨てて、価値観を変えていくことが必要**です。

私はずっと独学で自分の常識で思いつく限りのさまざまな副業に挑戦してきて、なかなかうまくいかなかったのはすでにお話しした通りです。稼ぎたいと思っているのに、ずっと稼げていないということは、私が正しいと思って取り組んでいたことは実は間違っていたということになります。

以前の私は、ハンドメイドをしたり資格を取ったり、とにかく頑張っていればそのうちスキルが身について、いつかは稼げるようになるだろうと思っていました。しかし、収入につながる行動をやっていかないといつまで経っても稼げません。とにかく何かを一生懸命頑張っていれば稼げると思っていたのは、私の間違った思い込みでした。

この状況を打破するために、自分の思い込みはいったん捨てて、成功している人の考え方や価値観を取り入れようと思いつき、独学を止め、成功している人は何をしているのか、実際に学ぶことにしたのです。そこで、今まで思いついたこともなければ、挑戦したこともなかった物販というものに出会い、挑戦したことが私の人生の転機になったのです。

現状を変えたければ、今の自分の常識や価値観を全部捨ててください。

2 プライド

次に私が捨てたものは、「プライド」です。

誰かからアドバイスを受けても、「それはやりたくない」とか、「好きなことで稼ぎたい」と、頑なな態度をとるような考え方ではうまくいきません。

うまくいっている人のアドバイスや成功者の体験を聞いて、言われたことにいかに素直にコツコツと取り組めるかが成功を左右します。

私も物販を始めたばかりの頃は、今までやったことがないことでしたし、最初からうまくいったわけでもありません。本当にこんなことを続けていて大丈夫かな、と正直思っていました。ただ、自分で稼げるようになりたいという思いが強かったので、プライドを捨て、深く考えずに、とにかく素直に言われた通りのことをやってみようと思い頑張りました。

そうすることで13年間も稼ぐことができなかった私が、3日間で10万円の利益を出すことができるようになったというわけです。

現在私は1000名以上の方に物販の指導やサポートをしていますが、自分のプライドを捨てきれず、素直にアドバイスを受け入れられない方は、思うような結果が出ていません。「私には、私の考えがある」というような余計なプライドは捨てた方がうまくいくとはっきり言うことができます。

3 人間関係

私が捨てたもの3つめ、これは結構重要だと思います。

何を捨てたかと言うと、余計な人間関係です。

1人では生きていけませんし、人間関係というのは本当に大事だと思います。でも、それが**今の自分に本当に必要な人間関係なのか、一度見直す必要はある**と思います。

昔からの友人は大切にしなければいけないとか、子どものことがあるからママ友とは仲良くしなきゃいけないのではないか、などと思ってしまうことがあるかもしれません。

無理して一緒にランチに行ったり、相手に合わせて話を聞いたり、そういった時間が自分の人生にとってはたして必要なのか、ということを考えてみてください。

夫の愚痴とか現状の不安とか、悪口とか、そういう話をとりあえず聞いて、調子を合わせて、結局疲れて帰るなんていうことはないでしょうか。

私も昔はそういったランチ会に参加していましたが、スキルを身につけて自分で稼げるようになりたいと思ったときから、そういったお誘いを断り、その時間を使って成功している人に会いに行ったり、一緒に物販を頑張っている仲間との時間を増やしたりするようにしました。

そうすることで、自分にプラスになるものをたくさん吸収でき、その結果だんだん収入が上がってきて、パートを辞めることができましたし、時間にしばられず、自由に仕事ができるようになりました。

全部の人間関係を突然整理してしまうのは難しいと思いますが、**必要ではないと思う人間関係は、思い切って捨ててしまってもいい**と思います。

人によって断捨離しなくてはならないものは違うかもしれませんが、**不必要なものを捨てることによって、本当に必要なものが入ってきて、それだけで人生が大きく変わってきます。**不要なものは思い切って捨てましょう。

この行動が失敗を招く!!
失敗が怖くて行動ができないあなたへ

人生は行動することによって変わっていきますが、逆に言うと、行動しなければ何も変わりません。**ずっと現状を変えたいと思っているのに、いまだに何も変わっていない人は、積極的に「行動」していく必要があります。**

世の中には、すぐに行動できる人とすぐに行動できない人がいます。この二者の何が違うのかというと、「失敗に対する捉え方」です。すぐに行動できる人は失敗して当たり前だと考えていますが、すぐに行動できない人は、失敗を回避しようと考えて動けなくなってしまっているのです。

失敗をすべて回避することは無理に等しいことです。

行動できない人は、失敗を悪いものとして捉えているので、できるだけ回避しようとする傾向にあり、まだ挑戦してもいない段階で、どうやれば壁にぶち当たらないか、どうやれば失敗しないか、そういうふうな考え方をしてしまっています。

もちろん、先読みする能力というのは大事ですし、ある程度準備しておけば壁にぶち当たっても慌てずに済むかもしれません。ただ、いざ行動してみて自分が想定していなかった壁にぶつかったときは、その準備は何の役にも立たないかもしれないのです。

失敗しないことが大事なのではなく、失敗しそうになったときや、失敗してしまったときに、どう対応するのかが大事ですので、起きてもいないことに対する準備に時間をかけるのはもったいないことです。行動しながら考えて、その都度改善しながら進んでいく方が効率がいいですし、時間を無駄にしなくて済みます。

失敗を恐れるあまり準備ができず、一歩めが踏み出せない人は、どんどん時間が無駄に過ぎていってしまいますし、即行動している人にどんどん差をつけられていきます。

失敗は悪いものではなく、必ずついて回るものですので、回避するものと考えるのではなく、コントロールするものだというふうに意識を変えていきましょう。

私は失敗を乗り越えることで自分のレベルが上がると思っていますので、小さな失敗はどんどんした方がいいと思っています。失敗しても経験値になって結局は自分のためになります。

うまくいかないと感じているときは行動を変えるしかありませんが、行動を変えるときに、失敗を必要以上に恐れないようにしましょう。

どうやったらうまくいくんだろうと考えているだけでは人生は変わりません。即行動して自分の人生を素敵なものに変えていってください。

人より0・1%努力する

これは、とあるセミナーに出席した際に聞いたお話なのですが、とても共感し、今でも私のビジネス上の指針となっているものなので、ご紹介させてください。

【1・01の法則、0・99の法則】

「1を何回かけても、答えは1になります。よって、1の365乗は1です。ところが、1が1・01になると、1・01の365乗は37・8です。逆に、1が0・99になると、0・99の365乗は0・03となります。

これが何を意味しているかというと、たとえば、1が通常の自分だとすると、**+0・01は努力した自分。**つまり、早起きして英単語を3つ覚えるなど、ちょっとでもプラスアルファがあれば、それを毎日（1年間＝365日）継続することで、**1年後には37・8倍に成長した自分がいる**ことになります。逆に、**ー0・01は怠けた自分。**つまり、早起きしないでいつまでも寝ているとか、テレビばかり見ているとか、マイナスな習慣を毎日続けると、**1年後にはなんと現在の0・03倍になってしまう**のです。0・03倍とは、やっていないに等しいです。

37・8は0・03の約1260倍となります。

ちょっとした頑張りが、1年後には大きな結果をもたらします。1年後、37・8倍の自分になるのか、0・03倍の自分になるのかは、毎日のちょっとした継続で決まります」。

また、「失敗者は『自分には才能がなかった』と言い、成功者は『成功するまで情熱を持って行動し続けた』と言います。あなたの才能は、あなたが行動することで開花します」というようなこともお話しされていました。

私は、一気に頑張るというよりは、**毎日ちょっとずつの努力を積み重ねるということがすごく大事**だと思っています。

ちょっとサボった0・99を365日続けると、実力が今より減ってしまい、1が0・03になってしまう。ただ、毎日0・01だけ頑張ることを続けると、37・8になる。

その37・8と0・03の差は、365日後には1260倍にまで広がってしまいます。そんなに差がついてしまうのであれば、ちょっとした頑張りでいいから、継続しない手はないと思いませんか?

その道の先駆者に頼ってみるのが一番の近道

あなたはお金持ちの話を聞いて嫉妬してしまったり、自分が惨めな気持ちになったりしたことはありませんか？

私は以前、ママ友から「うちに遊びに来て」と誘われて行ってみたら、明らかにレベルが違う、真のお金持ちという感じのお宅だった、ということがありました。後で聞いた話では、ご主人が社長をしているらしく、見れば見るほど自分と生活レベルが違いすぎて、うらやましくなってしまい、生活レベルの差に自分が惨めに感じてしまったのを覚えています。

自分が貧乏だと、お金持ちのそばにいると惨めに感じられて居心地が悪くなってしまうため、自分と同じレベルの貧乏人同士で集まってしまう傾向があります。

そしてそこで話すことと言えば、「ボーナスが少なかった」とか「住宅ローンの返済が大変」などの愚痴。他にも、悪口とか噂話とかネガティブな話題を共有していることが多いです。どうしてそうなるかというと、ネガティブなことを共有することによって、自分だけが貧乏じゃないんだと、安心感を得られるからです。

ネガティブなことを言い合っていれば、居心地はいいと思います。ただ、自分とは違う高いレベルの人の考え方を聞く機会がなくなってしまうので、そこに生産性はありません。

それは、何にでも言えることで、勉強だろうが、ビジネスだろうが同じです。**自分のレベルを上げたければ、自分に良い影響を与えてくれる人と付き合うべき**だと思います。

アメリカの有名な起業家である、ジム・ローンの名言に、「あなたは最も多くの時間をともにする5人の友達の平均になる」という言葉があるのをご存知でしょうか。人が人に与える影響は絶大ですので、これは核心をついている言葉だと思います。

私が貧乏から抜け出すことができたきっかけは、稼ぐスキルを身につけるために物販スクールに入ったことでした。同じ志を持つ人間関係を作ったことで行動が変わり、考え方が変わり、人生が180度変わったのです。

貧乏から抜け出すには、今の人間関係から一歩外に出ることが大切ですので、「こうなりたい」とか、**目標となるような人がいる場合は、ぜひその人に触れる機会を作ってください。**

いきなり会いに行くのが現実的でない場合は、YouTubeやツイッターなどのSNSのフォローから始めてみるのもいいと思いますし、その方が出版しているなら、その書籍を読むとか、イベントをしている人であればイベントに参加してみるとか、いろいろな方法があると思います。小さな一歩からでいいので、理想の生活を送っている人に近づいて、今とは違う人間関係を作ってみてください。

何かを成し遂げようとするのであれば、その道の先駆者に頼ってみるのが一番の近

道だと思います。人は人に影響されるので、周りの人から受ける影響というのは非常に大きいものです。誰と一緒にいるかで考え方や行動はもちろん、年収も変わってくることは、私が立証済みです。

最後にお伺いします。あなたは、どうなっていきたいですか?

おわりに

私にお問い合わせくださる方の多くは、「稼ぎたい」でも「私にできるわけがない」「失敗したらどうしよう」、そうやって一歩を踏み出せずにいます。

でも、自分で限界を決めるのは本当にもったいないと思います。

「あの人には特別な能力がある」「才能がある」「だから稼げる」、決してそうではありません。

子どもが小さいから在宅で収入を得たい、コロナ禍での収入減を補いたい、将来が不安、自分で稼ぐスキルを身につけたい。私のスクールは、そんな思いを抱え、未知の世界に飛び込んできた人ばかりです。

メルカリって何？　という、超初心者から始めた方も多くいらっしゃるぐらいで、自信満々で入ってくる人なんて１人もいません。

ただ誰でも使えるメルカリから始めることで、収入につなげやすいことは確かです。

私の生徒さんの中には、月に20万円以上稼ぐ方もいますし、中には月２００万円以上稼ぐ方もいます。でも全員がそんなに稼がないといけないかというと、決してそういうわけでもありません。人に合わせるのではなく、自分の目標を叶え、自分の人生をより豊かにすること、これが最も大切なことであり、たくさん稼ぐことがすべてではないのです。

必要なのは、自分の目標をしっかり持つこと、そして、高め合える仲間がいること、さらに、支えてくれるメンターがいることです。そういった環境を整えていくことこそが成功の秘訣でもあります。

「物販を始めてから自信がついた」。

「自分の人生を楽しめるようになった」。

そんな方をたくさん見てきました。

私も物販を始めたことで人生が大きく変わった1人です。

どんなに小さなことでも、行動を変えれば未来は変わります。まずは小さな一歩を踏み出してください。決して1人で頑張る必要はありません。一歩踏み出せば手を差し伸べてくれる人はたくさんいます。

自分を信じて行動すれば、誰でも必ず変わることができる！

1人でも多くの方が本書をきっかけに、想像以上の未来を手に入れることを心から願っています。

2021年8月

西村みゆき

Special present

＼ 本書を読んでくださった方に ／

豪華５大プレゼント

☑ これであなたも失敗しない ▶ **メルカリ最安送料チャート**

☑ １年中メルカリで爆売れ！ ▶ **定番商品５選**

☑ ポチってもらうための ▶ **売れる画像加工**

☑ 売れないときはこれを試そう！ ▶ **売上 UP10 のコツ**

☑ 稼ぐためのマインドセット ▶ **副業講座**

プレゼントの受け取りは
公式 LINE から

https://lin.ee/aq3QOcI

（QR コードからも登録できます）

西村みゆき（にしむら・みゆき）

株式会社 LIRIO 代表取締役。

福岡県在住の元臨床検査技師。結婚を機に退職。その後、現場復帰しようと就職活動をするも、産休・育休に入る可能性のある女性は、国家資格を持っていても再就職が難しいという現実を身をもって知ることとなる。

さらに、夫が病気で会社を休むことになり、貯金を切り崩す生活を経験。女性が経済的自立をすることの大切さを痛感する。資格取得・投資・ハンドメイド…さまざまなことに挑戦してみるもうまくいかず、失敗を繰り返す。

その後、物販スクールに入り、利益を上げるようになり、半年後には 3 日間で利益 10 万円を達成。起業を果たし、パートを辞め 1 年半で会社を設立。

家にいながら、年収 2000 万円以上稼げるまでになり、現在は、時間とお金に縛られない自由な生活を送っている。

YouTube チャンネルの登録者は 12000 人、総再生回数は 150 万回以上。


おうちでラクラク月《つき》5万円稼《まんえんかせ》ぐ　超効率《ちょうこうりつ》ポイ活《かつ》＆メルカリ

2021 年 12 月 2 日　初版発行

著　　者　西村みゆき
発 行 者　和田智明
発 行 所　株式会社 ぱる出版
〒 160-0011　東京都新宿区若葉 1-9-16
代表 03(3353)2835　FAX 03(3353)2826
編集 03(3353)3679
振替 東京 00100-3-131586
印刷・製本　中央精版印刷株式会社

ISBN978-4-8272-1313-3　C0033